MÜNSTERSCHWARZACHER KLEINSCHRIFTEN

herausgegeben
von den Mönchen der Abtei Münsterschwarzach

Band 64

Anselm Grün OSB

EUCHARISTIE UND SELBSTWERDUNG

W0235726

VIER-TÜRME-VERLAG MÜNSTERSCHWARZACH
1990

Anselm Grün OSB

Eucharistie und Selbstwerdung

VIER-TÜRME-VERLAG MÜNSTERSCHWARZACH
1990

CIP-Titelaufnahme der Deutschen Bibliothek

Grün, Anselm:
Eucharistie und Selbstwerdung / Anselm Grün. —
Münsterschwarzach : Vier-Türme-Verlag, 1990
   (Münsterschwarzacher Kleinschriften ; Bd. 64)
   ISBN 3-87868-423-1
NE: GT

Gesamtherstellung: Vier-Türme-Verlag, D-8711 Münsterschwarzach
© by Vier-Türme-Verlag, Münsterschwarzach
ISSN 0171-6360
ISBN 3-87868-423-1

INHALT

Eucharistie und Selbstwerdung

Von Jugendlichen höre ich immer wieder die Klage, daß sie mit der Eucharistiefeier nichts anzufangen wissen. Sie gehe an ihnen vorüber, ohne daß sie etwas von Gott erfahren, ohne daß sie etwas von sich und ihrem Leben entdecken. Die Riten bleiben häufig unverstanden. Eucharistie ist für sie weder ein Ort geistlicher Erfahrung, noch ein Raum, in dem die Gemeinschaft der Glaubenden erlebt wird. Und sie ist kein Ort, an dem sich die jungen Menschen wiederfinden. So wenden sich immer mehr von ihr ab. Die Statistik zeigt, daß der Gottesdienstbesuch gerade bei der Jugend rapide abnimmt. Doch auch viele Erwachsene haben heute Schwierigkeiten mit der Eucharistie und stellen ihren Wert in Frage. Sie würde ihnen nichts mehr geben, wie wüßten nicht, warum sie sich einer Predigt aussetzen sollten, über die sie sich nur ärgern. Das Pochen auf den unschätzbaren Wert der Eucharistiefeier allein hilft offensichtlich nicht, die Gläubigen davon zu überzeugen, in ihr den Mittelpunkt ihres Glaubens zu sehen.

Diese Kleinschrift möchte helfen, in der Eucharistiefeier die Verbindung zu unserem Leben zu erkennen. Wir feiern nicht etwas Frommes, um unsere Pflicht Gott gegenüber zu erfüllen. Denn Gott braucht unsere Gottesdienste nicht. Wir feiern vielmehr Eucharistie, um uns immer wieder von neuem in unsere eigene Menschwerdung einzuüben. Wir feiern Eucharistie, um in der Erfahrung eines neuen Miteinanders die Nähe Gottes zu spüren. Die Eucharistie als Wandlung von Brot und Wein will unser Leben wandeln, unsern Leib und unsere Seele und sie will uns zu einer neuen Beziehung zur Schöpfung führen. Und sie ist ein heiliges Spiel, in dem wir uns hineinspielen können in das Geheimnis unserer von Christus erlösten und befreiten Existenz. Es soll deutlich werden, daß es in der Eucharistie um uns und unser Leben geht, daß sie ein Ort ist, an dem wir erleben können, wer wir eigentlich sind, und an dem wir Gott in einer neuen und tiefen Weise begegnen dürfen.

Im Folgenden möchte ich die traditionellen Begriffe, die das Wesen der Eucharistie beschreiben, im Dialog mit der Tiefenpsychologie C.G. Jungs neu verstehen lernen, so daß sie dem heutigen Menschen das Geheimnis der Eucharistie und ihre Beziehung zu seinem Leben erschließen können. Es nützt nichts, wenn wir immer wieder betonen, daß Gott uns in der Eucharistie das größte Geschenk seiner Liebe hinterlassen hat, wenn wir dieses Geschenk nicht verstehen. So möchte ich versuchen, das kostbare Geschenk, das mit vielen Schachteln und Einbänden verpackt ist, freizulegen, damit wir es neu bewundern können als Vermächtnis der Liebe Jesu Christi zu uns.

1. Eucharistie als Opfer

Der Begriff des Opfers ist häufig mißverstanden worden. Er wurde zu materialistisch gesehen, als ob wir Gott ein Opfer darbringen könnten, das so und soviel wert sei, oder als ob wir Gott durch unsere Opfer zufriedenstellen müßten. Vom Ursprung her bedeutet Opfer etwas anderes: etwas Profanes wird in den göttlichen Bereich gehoben. Die Wirklichkeit unseres Lebens, so wie wir es verstehen, ist oft rein profan, rein weltlich. Wir definieren uns von der Welt. Wir beziehen unser

Daseinsgefühl von weltlichen Dingen, wir definieren uns von unserer Arbeit, von Erfolg und Mißerfolg, von unseren Beziehungen, von Zuwendung und Ablehnung, von unserem Wert vor den Menschen, von Lob und Tadel. Unser Leben ist also großenteils profan, von der Welt bestimmt. Dieses profane Leben wird in der Eucharistie in den Bereich Gottes gehoben. Das Opfer bricht also unser Daseinsverständnis auf für Gott, es hält unsere gottlose Wirklichkeit in die Wirklichkeit Gottes. Dadurch wird sie erst, was sie in Wahrheit ist, dadurch wird sie wieder durchlässig für Gott, durchsichtig auf den wahren Daseinsgrund. In der Eucharistie wird unsere Welt in Gott hineingehalten, damit wir in ihr wieder Gott erkennen und schauen können.

Das geschieht bei der Gabenbereitung in der sog. elevatio, im Emporheben von Brot und Wein. Brot und Wein sind Bilder für unser Leben. Das Brot beinhaltet unsere Arbeit, das was uns Tag für Tag aufreibt und zerreibt, die Tretmühle und den Feuerofen des Alltags. Im Wein halten wir unsere Freude und Liebe in Gott hinein, der die wahre Freude und Liebe ist. Und wir halten unsere Sehnsucht nach wirklichem Leben vor Gott, damit wir Anteil haben an seinem ewigen Leben. Für C.G. Jung sind Brot und Wein Kulturprodukte, die zugleich auch "die psychologische Bedingung ihres Entstehens darstellen, nämlich eben jene Tugenden des Menschen, welche ihn überhaupt zur Kulturleistung befähigen"[1]. In den Gaben von Brot und Wein hebt der Mensch also sein Leben, seine Sorge um die eigene Existenz, seine Aufmerksamkeit, Geduld, Fleiß, Hingabe und mühsame Arbeit in Gott hinein. Damit wird sein Leben verwandelt, vergeistigt. Denn so sagt C.G. Jung: "Die Elevation hat die Bedeutung der Erhebung ins Geistige. Sie ist ein vorbereitender Spiritualisierungsakt." (226) Eucharistie ist das Hineinhalten unserer Welt in Gott, in den Bereich, wo sie zu ihrem wahren Wesen kommt, wo sie wieder als Schöpfung Gottes erkennbar wird, als von Gottes Geist durchtränkte Welt, in Gottes Wirklichkeit eingetaucht und gerade so ihre eigentliche Wirklichkeit findend. Im Opfer wird sichtbar, daß die ganze Welt durch die Menschwerdung Jesu Christi in den Bereich Gottes hineingehoben wurde und so alles Bild und Gleichnis von Gottes Herrlichkeit geworden ist.

Wir können den Opferbegriff auch noch anders verstehen, und zwar als EINÜBUNG IN DIE MENSCHWERDUNG. C.G. Jung hat in seiner psychologischen Deutung der hl. Messe die Eucharistie "als Ritus des Individuationsprozesses" bezeichnet, als Weg der Selbstwerdung. Das eucharistische Mysterium, so sagt er, verwandelt "die Seele des empirischen Menschen, der nur ein Teil seiner selbst ist, in ihre Ganzheit, die durch Christus ausgedrückt ist." (299) Opfer versteht C.G. Jung dabei als Selbstopfer. Indem der Mensch sich selbst opfert, stößt er zu seinem eigentlichen Selbst erst vor. Doch gleichzeitig gilt, daß er sich selbst schon gefunden haben muß, um sich opfern zu können. Denn "das Sichopfernkönnen beweist das Sich-Haben. Niemand kann geben, was er nicht hat. Wer sich also opfern, d.h. seinen Anspruch aufgeben kann, der muß diesen gehabt haben... Dies setzt einen Akt der Selbsterkenntnis voraus... Daher geht dem Wandlungsritus in der Messe logischerweise das Sündenbekenntnis voraus." (281) Unser Selbst, das schon in uns ist und doch zugleich erst gewonnen werden will, treibt uns an, unser Ich und unsere Ego-Ansprüche zu opfern. "Das Selbst ist der Opferer, und ich bin die geopferte Gabe." (286) Indem wir uns selbst opfern, gewinnen wir das Selbst. "Denn nur was wir geben, das haben wir." Durch das Opfer, so meint C.G. Jung, löst sich das Selbst aus der unbewußten Projektion, es ergreift uns, tritt in uns selber ein und geht "aus dem dissoluten Zustand des Unbewußtseins in den des Bewußtseins" über. "Was es im unbewußten Zustand ist, wissen wir nicht; jetzt aber wissen wir, daß es Mensch, ja uns selber geworden ist. Dieser Vorgang der Menschwerdung wird in Träumen und inneren Bildern als eine Zusammensetzung aus vielen Einheiten, als eine Sammlung von Zerstreutem einesteils, anderenteils als allmähliches Hervortreten und Deutlichwerden von etwas, das stets vorhanden war, dargestellt." (286f) In der Eucharistie halten wir das Zerstreute unseres Lebens (die vielen Körner, die vielen Trauben) Gott hin. Schon das runde Brot und die Form des Kelches weisen darauf hin, daß das, was in uns zerstreut und zerrissen ist, zu einer Einheit werden möchte. Aber erst wenn wir das in uns Zerstreute und Disparate Gott hingeben und opfern, wird es in uns zur Einheit verschmolzen. Wir werden durch das Opfer mit uns selber eins. Die Gegensätze in uns verbinden sich miteinander und bilden eine Einheit. Indem wir Brot und Wein emporheben, kommt unser wahres Wesen zum Vorschein, wird unser Leben vergeistigt, erhoben zum eigentlichen Sein.

In der Zusammenfassung seiner psychologischen Deutung der Eucharistiefeier schreibt C.G. Jung: "Die Messe ist Summe und Quintessenz einer vieltausendjährigen Entwicklung, welche mit fortschreitender Ausweitung und Vertiefung des Bewußtseins die anfänglich isolierte Erfahrung eines spezifisch disponierten Individuums allmählich zum Gemeingut einer größeren Gruppe werden läßt. Der zugrundeliegende psychische Vorgang bleibt allerdings Geheimnis und wird in entsprechenden Mysterien oder Sakramenten anschaulich und eindringlich dargestellt, unterstützt von Belehrungen, Übungen, Meditationen und Opferakten, welche den Mysten so weit in die Sphäre des Mysteriums eintauchen, daß er sich seines intimen Zusammenhangs mit den mythischen Ereignissen einigermaßen bewußt werden kann... Das Christentum hat nach einigem Zögern die Mysterienfeier zur öffentlichen Veranstaltung gemacht, denn es war seine besondere Angelegenheit, möglichst viele Menschen in das Erlebnis des Mysteriums einzuführen. So konnte es denn nicht ausbleiben, daß der Einzelne Gelegenheit bekam, sich seiner eigenen Wandlung und der dazu nötigen psychologischen Bedingungen, wie z.B. Bekenntnis und Bereuung der Sünden, bewußt zu werden. Damit war der Grund zur Einsicht gelegt, daß es bei der Wandlung im Mysterium sich weniger um ein magisches Bewirktwerden als vielmehr um psychologische Vorgänge handelte." (322) Der einmalige Weg Jesu wird also in der Eucharistiefeier immer wieder dargestellt, damit wir daran Anteil haben und wie Jesus und in Gemeinschaft mit Jesus verwandelt werden, unser Selbst finden und mit Gott eins werden. Eucharistie ist für Jung also ein Weg menschlicher Selbstwerdung, der die Sehnsüchte und Erfahrungen der ganzen Menschheit aufgreift und zusammenfaßt. Deutlicher als die antiken Mysterienkulte zielt die Eucharistie auf die Wandlung des Menschen als Person, auf den Weg der Selbstwerdung und Reifung. Sie nimmt uns mit auf den Weg Jesu Christi, der für Jung der zentrale Archetyp des Selbst geworden ist. Indem wir in der Eucharistie den Weg Jesu gehen, gelangen wir mehr und mehr zu uns selbst.

Es gibt verschiedene Wege, zu sich selbst zu kommen, sich in die Individuation einzuüben. Da gibt es psychologische Methoden, die uns lehren, mit der eigenen Vergangenheit, mit dem Schatten und mit dem Unbewußten umzugehen, falsche Selbstbilder abzubauen und zum eigentlichen Wesen vorzustoßen. Und dann gibt es die Methoden der Meditation und Kontemplation. Der wichtigste Übungsweg der Kontemplation geht über den Atem, über das Achten auf den Fluß des Atems. Der Atem ist in seiner Struktur ein entscheidendes Bild für den Weg menschlicher Selbstwerdung. Er vollzieht sich in vier Schritten: im Annehmen, Loslassen, Einswerden und Neuwerden. Jeder Weg in die Selbstwerdung führt über diese vier Schritte. Das gilt für die psychologischen wie für die spirituellen Wege in gleicher Weise.

Diese vier Schritte der Menschwerdung bilden auch die Struktur der Eucharistiefeier. In der Eucharistie feiern wir den Weg Jesu Christi. Christus selbst nimmt uns mit auf seinen Weg der Menschwerdung, auf seinen Weg zum Vater. Indem wir uns von Jesus mitnehmen lassen auf seinen Weg, werden wir eingeführt in das Geheimnis des menschlichen Lebens. Jesu Weg ist ein archetypischer Weg, ein Weg, der typisch ist für jedes menschliche Leben, und ein Weg, der etwas in uns in Bewegung bringt. Archetypen sind nach C.G. Jung immer auch Beweger, die etwas in uns bewirken. Indem wir uns also auf den Weg Jesu einlassen, wirkt er in uns sein Heil, seine Erlösung, bringt er uns zur wahren Gestalt, führt er uns zum wirklichen Leben.

Wir feiern den Weg Jesu im Ritus der Eucharistie. C.G. Jung meint, einen Ritus feiere man immer dann, wenn man Angst habe vor einem lebensnotwendigen Schritt. In der Frühzeit hatten die Menschen Angst vor der Jagd. Zugleich war das Jagen wilder Tiere aber lebensnotwendig. Um die

Angst zu überwinden, feierten sie einen Ritus. Der Ritus lenkte die libido, die Lebensenergie, in neue Bahnen, so daß die Angst verschwand. In der Eucharistie feiern wir einen Ritus, um die Angst vor dem einzig möglichen Weg der Menschwerdung zu überwinden. Theoretisch wissen wir alle, daß es keine Menschwerdung ohne Annehmen und Loslassen, ohne Leiden und Sterben gibt. Aber wir haben gleichzeitig Angst davor. Wir möchten unbewußt Selbstwerdung zu verbilligten Preisen. So feiern wir Tag für Tag Eucharistie, um uns immer wieder neu in unsere Menschwerdung einzuüben, auf den Weg, der allein zum reifen und glücklichen Menschsein führt.

In Afrika gibt es heute noch Initiationsriten. In der Pubertät werden die Jungen und Mädchen getrennt in den Busch geführt. Sie müssen fasten. In manchen Stämmen werden sie beschnitten. Und sie werden in die Geheimnisse des Stammes eingeführt. Es ist eine Initiation in das Erwachsenwerden. Eucharistie ist in diesem Sinn auch ein Initiationsritus, aber nicht in eine bestimmte Phase des Lebens, sondern in den gesamten Prozeß der Selbstwerdung. Eucharistie ist Initiation in die Menschwerdung, Einübung in unser Selbst, Einübung in das Geheimnis unseres Lebens, unseres Wesens.

Die vier Schritte der Menschwerdung werden in der Eucharistie der Reihe nach entfaltet. Das ANNEHMEN geschieht im Wortgottesdienst. Nach der Begrüßung, in der wir einander wahrnehmen und annehmen, geht es im Bußakt darum, sich selber anzunehmen. Ich stelle mich vor Gott, so wie ich bin, mit meinen guten Seiten, mit dem, was geglückt ist, aber auch mit meinem Schatten, mit meiner Schuld. Der Bußakt meint nicht, daß wir uns selbst vor Gott schlecht machen und uns künstlich in die Haltung des Sünders hineinsteigern. Wir stellen uns vor Gott hin, wie wir sind, wir halten unsere Wahrheit hin. Und dazu gehört auch, daß wir unsern Schatten anschauen und unsere Schuld. Schuld heißt eigentlich Spaltung. Wenn wir etwas in uns nicht anschauen wollen, entsteht in uns eine Spaltung. Wir spüren, was für uns stimmt, aber wir tun es nicht. So spaltet uns die Schuld von unserem unverfälschten Kern, von unserem Selbst. Und sie trennt uns von Gott und von den Menschen. Schuld schließt immer aus. Wenn wir uns schuldig fühlen, fühlen wir uns ausgeschlossen aus der Gemeinschaft. Der Bußakt will uns so, wie wir sind, in das Erbarmen Gottes stellen, damit wir wieder eins werden mit uns selbst, mit Gott und mit unsern Brüdern und Schwestern. Wir können uns nicht durch eigene Kraft annehmen. Wir brauchen Erfahrung dazu, normalerweise die Erfahrung von Menschen, die uns annehmen, oder aber religiöse Erlebnisse, die uns im Herzen spüren lassen, daß wir ganz und gar akzeptiert sind. Der Bußakt will uns zugleich menschliche und göttliche Erfahrung vermitteln. Indem wir gemeinsam uns vor Gott stellen und seine Vergebung erfahren, fühlen wir uns als Glied der Gemeinschaft. Wir brauchen uns selbst nicht mehr auszuschließen. Und wir fühlen uns von Gott akzeptiert.

Um das Annehmen geht es auch im gesamten Wortgottesdienst. Die Lesungen und das Evangelium wollen uns sagen, wer wir eigentlich sind. Nicht die Frage, was wir tun sollen oder wer wir eigentlich sein sollten, sondern die Frage, wer wir in Wahrheit sind, steht bei den Lesungen im Mittelpunkt. Wenn wir an die Lesungen mit der Frage nach unsrem Tun herangehen, geraten wir in die Gefahr zu moralisieren und ein schlechtes Gewissen zu erzeugen. Die zweite Frage führt leicht zum Idealisieren, oder - wie Watzlawick sagt -zur utopischen Lösung. Wir steigern uns dann in Gefühle hinein, wer wir als Christen eigentlich sein sollten. Wir schildern in den schönsten Farben christliche Ideale. Aber sie sind so hoch, daß sie unser Leben nicht verändern.

In den Lesungen geht es um die Frage, wer wir in Wahrheit sind. Wir kommen in die Eucharistie oft mit einem falschen Selbstverständnis. Wir verstehen uns als die, die gemessen werden an ihrer Leistung, als die, die in guten oder schlechten Beziehungen stehen. Unsere Grundstimmung ist davon abhängig, was Menschen von uns halten und wie sie über uns sprechen. Und sie wird davon geprägt, ob wir unseren eigenen Erwartungen gerecht werden oder nicht. In den Lesungen will uns Gott sagen, wer wir wirklich sind, daß das Geheimnis unseres Lebens tiefer liegt, daß wir vor Gott wertvoll sind, daß Gott selber in uns wohnt. Im Hören der Lesung sollen wir uns hineinspüren in das Geheimnis unserer Existenz. Die Würde und das Licht unseres Lebens soll uns aufgehen. Graf Dürckheim meinte einmal, es gäbe viele Menschen, die ihren Schatten verdrängen. Aber es gäbe auch viele, die ihr Licht verdrängen. Der Wortgottesdienst will uns helfen, daß wir uns annehmen auch mit unserem Licht, auch mit unserer unantastbaren Würde.

Damit wir uns annehmen können mit unseren Lichtseiten, bedarf es der mystagogischen Auslegung. Mystagogisch waren die Predigten der Kirchenväter. Und die liturgische Bewegung fordert zu Recht wieder die mystagogische Predigt. Mystagogisch heißt: einführen in das Geheimnis Gottes und in das Geheimnis des Menschen. Es geht nicht darum, nur die Riten zu erklären oder die Zusammenhänge der Texte, sondern es geht darum, daß den Menschen das

Geheimnis Gottes und das Geheimnis ihres eigenen Lebens aufleuchtet. Guardini meint von der mystagogischen Predigt: "Zugleich muß eine Art des deutenden und bildenden Sprechens gefunden werden, die nicht erklärt und ermahnt, sondern die inneren Sinne löst, den Menschen in das heilige Geschehen hineinführt und den Vollzug in Bewegung bringt."[2] Die mystagogische Predigt versucht, das Geschehen der Erlösung, das in der Eucharistiefeier gegenwärtig wird, für den einzelnen auszulegen und in die Erfahrung zu bringen. Die Deutung hat also für die Erfahrung der Erlösung eine entscheidende Funktion. Sie gehört zum Geschehen der Erlösung hinzu. Romano Guardini hat im Zusammenhang mit der mystagogischen Predigt vom Primat des Logos vor dem Ethos gesprochen. Nicht das Moralisieren ist Aufgabe der Liturgie, sondern die Einführung in die Erfahrung des Seins: "Den endgültigen Vorrang im Gesamtbereich des Lebens soll nicht das Tun haben, sondern das Sein. Nicht auf Handeln kommt es im Grunde an, sondern auf Werden. Nicht was getan wird, ist das Letzte, sondern was ist. Nicht in der Zeit, sondern im Ewigen, im seienden Jetzt, liegen die Wurzeln und liegt die Vollendung von allem. Und nicht die moralische, sondern die metaphysische Weltanschauung, nicht das Werturteil, sondern das Seinsurteil, nicht die Anstrengung, sondern die Anbetung ist das Endgültige."[3]

Der zweite Schritt der Menschwerdung ist das LOSLASSEN. Um reif zu werden muß der Mensch immer wieder die eigene Vergangenheit loslassen, er muß die Kindheit, die Jugend, die Kraft der Lebensmitte aufgeben, um immer weiter zu gehen auf dem Weg der Selbstwerdung. Er muß Besitz, Erfolg, Erreichtes loslassen, um offen zu sein für Neues. Loslassen ist ein moderner

Begriff. In der Bibel steht zumeist der Begriff des Sterbens und der Selbstverleugnung. Beide Begriffe sind negativ besetzt. Aber es geht in ihnen letztlich um den Prozeß der Individuation. C.G. Jung meint, zu seinem Selbst könne der Mensch nur gelangen, wenn er sein Ich loslasse. Das Ich ist der bewußte Personkern, der alles selbst bestimmen und machen will. Dieses kleine Ich muß der Mensch loslassen und er muß es wagen, den Weg zu seinem Selbst zu gehen. Dieser Weg führt über die Annahme des eigenen Schattens, über die Integration von anima und animus und über das Zulassen der Gottesbilder, die in der menschlichen Seele bereitliegen. Zum eigentlichen Selbst kommt der Mensch nur, wenn er die Selbstbehauptung in seinem Ich losläßt und sich Gott übergibt. So kann Jung den Weg zum Selbst auch in den traditionellen Redewendungen beschrieben finden: "Er hat seinen Frieden mit Gott gemacht, er hat seinen eigenen Willen zum Opfer gebracht, indem er sich dem Willen Gottes unterwarf."[4]

Wir wissen theoretisch sehr gut, daß Menschwerdung nur über diesen Prozeß des Loslassens und Sterbens möglich ist. Aber unbewußt haben wir Angst davor und wehren uns dagegen. Der Ritus der Eucharistie will uns diese Angst nehmen. Jesus will uns selber an die Hand nehmen und auf seinen Weg mitnehmen. Und auf diesem Weg werden wir von innen her in das Loslassen eingeführt. Wir feiern den Tod Jesu als radikalste Weise des Loslassens, damit auch uns das Loslassen unseres Lebens gelinge. Im Tod hat Jesus sich ganz und gar losgelassen und sich dem Vater übergeben. Er hat seine Aufgabe der Verkündigung losgelassen, seinen Erfolg, seine göttliche Würde. Alles, was ihn bisher gehalten hat, hat er Gott übergeben und sich sterbend in ihn hineinfallen lassen. Doch sein Tod ist mehr als nur ein aktives Loslassen, in das wir uns einüben könnten. Es ist der Tod am Kreuz. Kreuz meint alles, was uns durchkreuzt, was uns in die Quere kommt, was unsere Pläne und Ziele durchkreuzt und in Frage stellt. Das eigene Selbstbild wird ans Kreuz geschlagen und zerbrochen. Unser Gottesbild wird in Frage gestellt. Alle Sicherheit wird uns genommen.

Wenn wir den Tod Jesu am Kreuz in der Eucharistie feiern, dann ist das zum einen Einübung in das Loslassen, zum andern Annehmen dessen, was uns Tag für Tag durchkreuzt, einverstanden sein mit den Menschen, die unsern Weg kreuzen, mit den Mißgeschicken, die uns passieren, mit der Krankheit und mit all dem Unvorhergesehenen, mit dem wir nicht gerechnet haben. Aber das, was uns durchkreuzt, wird in der Eucharistiefeier zugleich umgedeutet als der Weg zum wahren Leben. Das Kreuz schlägt um in die Freiheit und Weite der Auferstehung. Was uns durchkreuzt, das bricht uns auf für Gott, für das wahre Leben. Wenn ich bei der Epiklese die Hände über Brot und Wein ausbreite, so ist es mir bewußt, was das für ein Risiko ist. Ich sage ja zu allem, was mich heute durchkreuzen wird, zu den Konflikten, die mich heute erwarten, zu den Ansprüchen, die das Leben an mich stellt. Es ist, als ob ich mir die Finger verbrenne. Es ist mehr als eine fromme unverbindliche Gebärde, es ist das Ja zum Kreuz als dem Weg zum wahren Leben. C.G. Jung hat immer wieder betont, daß das Kreuz ein Bild für die Gegensätze im Menschen ist. Wenn der Mensch ganz werden will, muß er ja sagen zu diesen Gegensätzen in sich. Das bedeutet aber immer auch Leiden. Aber wenn der Mensch das Leiden an seiner inneren Gegensätzlichkeit auf sich nimmt, erfährt er zugleich auch Erlösung:

"Eben gerade im äußersten und bedrohlichsten Konflikt erfährt der Christ die Erlösung zur Göttlichkeit, sofern er daran nicht zerbricht, sondern die Last, ein Gezeichneter zu sein, auf sich nimmt. So und einzig auf diese Weise verwirklicht sich in ihm die imago Dei, die Menschwerdung Gottes."[5] Wenn wir in der Eucharistiefeier ja sagen zum Kreuz, sagen wir auch ja zum Leben, ja zum göttlichen Leben, das uns gerade im Kreuz erfüllt.

Das Loslassen vollzieht sich in den Riten der Gabenbereitung und Wandlung. In Brot und Wein bringen wir unser Leben vor Gott und heben es in den göttlichen Bereich. Wir übergeben mit diesen Gaben Gott unser Leben, wir übergeben unsern Alltag, unsere Arbeit, unsere Erfolge, unsere Sehnsüchte, unsere Liebe, unsere Freude. Alles halten wir Gott hin, damit er es annehme und verwandle. Wir lassen es los, überlassen es Gott, damit er es uns verwandelt wieder zurückgebe. Aber Wandlung kann nur geschehen, wenn wir nicht krampfhaft festhalten an uns und unserem Leben. Ein Väterspruch der frühen Mönche erzählt das anschaulich:

"Wie können wir gerettet werden, die wir mit irdischen Dingen zu tun haben?" Der Alte sagte ihnen: "Auf meinem Feld war eine Frau mit ihrem kleinen Kind. Sie hatte Nüsse in einer Vase. Das Kind sagte zu ihr. "Mama, gib mir Nüsse!" Sie sagte: "Hol dir welche im Krug." Als es seine Hand hineingestreckt hatte und sie nicht mehr herausbrachte, sagte es zu seiner Mutter: "Meine Hand geht nicht mehr raus." Sie sagte: "Kleines, laß das los, was du hältst, und sie wird herausgehen." Genauso ist es mit uns: wenn wir die irdischen Dinge nicht lockerlassen, können wir nicht gerettet werden."[6]

In der elevatio ziehen wir gleichsam die Hände

aus dem Krug der Welt, in dem wir mit den Nüssen unser Leben, unsere Beziehungen, unsere Gesundheit, unsern Erfolg festhalten. Nur indem wir die Hände herausziehen aus der Umklammerung durch die Welt und unser Leben Gott hinhalten, wird es verwandelt und heil. Wir selbst können uns nicht heilen. Wir selbst können die Gaben auch nicht so genießen, daß sie unsere tiefste Sehnsucht stillen. Wir müssen sie in Gott hineinhalten, damit er sie für uns verwandle zum Brot des Lebens, das unsern Hunger für immer stillt, und zum Kelch des Heiles, zur Quelle lebendigen Wassers, das unsern tiefsten Durst nach Leben löscht.

Loslassen verbindet sich dann wiederum mit der Wandlung, in der unsere Gaben durch den Geist Gottes in Leib und Blut Jesu Christi verwandelt werden. Leib und Blut symbolisieren den Tod Jesu, der in der Wandlung unter uns gegenwärtig wird. Und sie symbolisieren die verwandelte Schöpfung. Gottes Geist, der am Anfang die Welt ins Dasein gerufen hat, schafft in der Wandlung einen neuen Anfang. Unsere gottlose Welt wird in göttliche Gaben verwandelt, in Fleisch und Blut Jesu Christi. Wie das Wort Gottes die Welt gebildet hat, so werden göttliche Worte über die Gaben gesprochen, damit sie neu geschaffen werden. Und diese verwandelten, von Gottes Geist durchdrungenen Gaben, Leib und Blut Jesu Christi werden nun wieder emporgehoben, in den göttlichen Bereich, aus dem sie kommen. Und sie werden uns gezeigt, damit wir es alle sehen können: es sind unsere Gaben, aber doch verwandelte, von Gott uns zurückgegeben als Brot des Lebens und Kelch des Heiles. Nur wenn wir die Nüsse loslassen, können wir sie essen. Nur weil wir unser Leben in Brot und Wein losgelassen und Gott hingehalten haben, können wir sie nun in neuer Weise genießen, als Leib und Blut Jesu Christi.

Der dritte Schritt auf dem Weg der Kontemplation und im Prozeß der Selbstwerdung ist das EINSWERDEN. Es geschieht im hl. Mahl, in der Kommunion, wenn wir Leib und Blut Christi essen und trinken. In der Kommunion werden wir eins mit Jesus Christus und durch ihn eins mit Gott. Wir werden hineingenommen in die Gemeinschaft des dreifaltigen Gottes. Wir werden eingetaucht in das Leben, das zwischen Vater und Sohn im Heiligen Geist hin und hergeht. Von jeher war die Ahnung im Menschen, durch ein heiliges Mahl eins zu werden mit Gott. In allen Religionen gibt es Heilige Mahlzeiten, durch die man Anteil gewinnt am Leben der Gottheit. Diese Sehnsucht erfüllt uns Jesus Christus auf neue Weise in der Eucharistie. Da dringt sein Fleisch und sein Blut in uns ein und durchdringt alles. Es gibt nichts mehr in uns, was ausgeschlossen ist von der Einheit mit Gott. Der Leib ist ja der Gedächtnisspeicher aller Erfahrungen unseres Lebens. In ihm sind Räume, in die sich das Verdrängte zurückgezogen hat, in denen der Schatten haust, das, was wir vom Leben ausgeschlossen haben aus Angst, daß es für uns peinlich sein könnte, wenn die Menschen um uns herum es entdecken. In alle diese Räume dringt mit dem Leib und Blut Christi Gottes heiliger und heilender Geist. Im Essen werden die göttlichen Gaben ununterscheidbar eins mit unserm Leib und unserer Seele. Alles in uns wird von Gott durchdrungen, neu belebt, neu geschaffen.

Wenn Gott alles in uns durchdringt und so alles in uns eins mit Gott geworden ist, dann gibt es keinen Grund mehr, warum wir manches in uns ablehnen und abtrennen. Wenn wir mit allen Sinnen zulassen, was in der Kommunion an uns geschieht, dann kann das Sichselbstannehmen nochmals auf eine neue Weise geschehen. Im Wortgottesdienst war die Selbstannahme eher unser Tun. Wir halten uns selber Gott hin mit unserm Schatten und unsern Möglichkeiten. In der Kommunion tut Gott an uns etwas. Und wir brauchen nur nachzuvollziehen, was er an uns tut. Wenn ich zulasse, was da an mir geschieht, dann nehme ich mich schon an. Wenn Gott mit mir eins ist, dann kann ich auch mit mir selbst eins werden, einverstanden mit meinem Leben, mit meinem Leib, mit meiner Seele, mit meinen lichten und dunklen Seiten, mit meinen Stärken und Schwächen. Dann kann ich einverstanden sein mit meinem Schicksal, mit meiner Vergangenheit und mit der Situation, in der ich gerade stehe, einverstanden auch mit meinem Sein zum Tode, mit meiner Vergänglichkeit, mit meiner Sterblichkeit. Wenn ich bejahe, was Gott in der Eucharistie an mir tut, dann kann ich meine Widerstände gegen das Leben aufgeben und mich in Gott hinein fallen lassen. Dann kann ich die Waffen strecken, den Kampf gegen mich selbst aufgeben und eins werden mit mir selbst in Gott. Dann bin ich im Frieden mit mir und meinem Leben, im Frieden mit Gott und mit den Menschen, die er mir zumutet.

Wenn Gott in uns ist, dann bekommt alles in uns einen neuen Geschmack. Dann ist in uns nicht mehr der fade Geschmack unserer Wünsche und Bedürfnisse, oder der fade Geschmack, den jede Sünde in uns hinterläßt. Nun ist in uns der Wohlgeschmack Jesu Christi. Da schmeckt auf einmal alles anders. Wir selbst schmecken neu. Wir können an uns und unserem Leben, ja an allen Menschen Geschmack finden. Das Johannesevangelium hat das mit der Erzählung von der Hochzeit zu Kana entfaltet. Die Eucharistie ist die Feier der Hochzeit zwischen Gott und Mensch. Und wir bringen zu diesem Fest unser Leben mit. Aber das ist fad und langweilig wie Wasser. Es hat keinen Geschmack. Deshalb kommt in Jesus Christus Gott selbst in unser Leben und feiert mit uns Hochzeit, er verbindet sich so mit uns, wie ein Mann sich mit seiner Frau verbindet und eins wird. Und da wird auf einmal das Wasser in den sechs Steinkrügen zu Wein. Die Steinkrüge symbolieren unser irdisches Leben, das steinern, schwer, kalt ist. Wir tragen in diesen Krügen Wasser. Aber durch die Menschwerdung wird es zu Wein, da bekommt es neuen Geschmack und kann nun alle Menschen erfreuen. In der Kommunion wird das erfahrbar, was die Geschichte erzählt. Da feiert Gott Hochzeit mit uns, da verbindet er sich wie ein Bräutigam mit seiner Braut und gibt so unserem Leben einen neuen guten Geschmack. Er macht unser Leben selbst zu Wein, der das Herz des Menschen erfreut.

Das Einswerden bezieht sich nicht bloß auf uns selbst, sondern auch auf unser Verhältnis zu den Mitmenschen. In der Kommunion essen wir alle vom gleichen Brot und trinken aus dem gleichen Kelch. So werden wir miteinander eins. Mahl halten können wir nur, wenn wir einverstanden sind mit allen, die mit uns daran teilnehmen, wenn wir mit Christus selbst jeden einzeln innerlich einladen und uns vorstellen: es ist gut, daß der und jener da ist. Auch wenn wir nicht einer Meinung sind, auch wenn wir uns nicht sympathisch sind, ich bejahe, daß Christus ihn genauso zum Mahl geladen hat wie mich, und ich lade ihn selbst ein. In der Kommunion bin ich mit ihm eins geworden. Und dazu sage ich ja. Ich frage mich manchmal nach der Kommunion, wenn wir schweigend gemeinsam vor Gott sitzen: Was heißt das, daß wir alle den Leib Christi gegessen und sein Blut getrunken haben? Was bedeutet das für unser Miteinander? Was bedeutet das für die Gespräche, die ich heute führe, für die Konflikte, die anstehen, für die Beratungen und für alle Begegnungen, die ich heute haben werde?

Das Einswerden in Christus geschieht auf einer tieferen Ebene als auf der Ebene der Gefühle und des Verstandes. Auf der Ebene der Ratio sind wir immer noch anderer Meinung und bekämpfen uns vielleicht gegenseitig. Aber wir wissen zugleich, daß wir im Tiefsten eins geworden sind, verbunden durch die gemeinsame Klammer Jesus Christus. Diese Klammer kann durch keinen Konflikt zerrissen werden, ja wenn wir um diese Klammer wissen, können wir ohne Angst Konflikte austragen. Sie können uns nicht voneinander trennen, da wir im Innersten miteinander eins sind. Auf der Ebene des Gefühles sind wir uns vielleicht gar nicht sympathisch. Das ändert sich auch durch die Kommunion nicht. Ich muß mich nicht zu Gefühlen der Sympathie zwingen. Aber was bedeutet das, daß wir miteinander den Leib Christi gegessen haben? Zumindest muß ich innerlich ja sagen zum andern. Es ist gut, daß ich mit ihm eins bin. Ich lasse es zu und verschließe mich nicht ihm gegenüber. Und ich bin einverstanden, daß Gott mich mit diesen Menschen verbunden hat. Ich vertraue darauf, daß Gott die emotionalen Sperren, die wir zueinander haben, überbrücken kann, daß wir miteinander leben, auch wenn wir uns im Tiefsten nicht verstehen und nicht sympathisch sind.

Das Einswerden hat noch einen anderen Aspekt. Wir werden auch eins mit der Schöpfung. Es ist verwandelte Schöpfung, die wir im Leib Christi essen und in seinem Blut trinken. So werden wir eins mit dem Grund der Schöpfung. Das hat Konsequenzen für unsern Umgang mit der Schöpfung. Wir begegnen Gott in der Schöpfung. Ja das Einswerden mit Christus geht nur über das Einswerden mit der Schöpfung, mit Früchten der Erde. In der Kommunion werden wir eins mit Christus, dem ewigen Wort des Vaters. Durch das Wort ist alles geschaffen worden. Dieses göttliche Wort essen wir und damit werden wir eins mit dem Urgrund aller Schöpfung. Wir sind vom gleichen Wort durchdrungen, das der Schöpfung eingeprägt ist. Wir sind vom gleichen Geist durchweht, der auch die Natur durchströmt. So führt Kommunion auch zu einer neuen Beziehung zur Schöpfung. In der Kommunion werden wir mit dem Grund allen Seins eins und so rühren wir an das Geheimnis aller Wirklichkeit. Mit Gott eins geworden werden wir auch eins mit dem Innersten der Natur. Und auf einmal verstehen wir das Geheimnis der Welt. Wir wehren uns nicht mehr gegen das Geheimnis von Geburt und Sterben, von Tod und Leben. In Gott ist alles eins. Die Einheit in Gott umfaßt auch den radikalsten Gegensatz, den wir kennen, den zwischen Leben und Tod. Und so können wir in der Einheit mit dem Alleinen einen tiefen Frieden erfahren. Dahin möchte uns die Eucharistie führen, daß wir eins werden mit uns selbst und mit Gott, eins werden mit allen Menschen auf dem Grund ihrer Seele, und eins werden mit der Schöpfung, die vom Gesetz des Stirb und Werde geprägt ist. Die Eucharistie sagt auch ja zum Gesetz des Sterbens und kann uns so in jeder Not und in jedem Tod noch den Frieden vermitteln, der nicht von dieser Welt ist, den Frieden, den allein Gott zu schenken vermag.

Der vierte Schritt der Selbstwerdung ist das NEUWERDEN. Wenn wir mit Christus eins geworden sind, sind wir auch neu geworden, neu geschaffen durch seinen Geist. Wir haben teil an seiner Auferstehung, die unsern Tod vernichtet und verwandelt hat. In der Auferstehung hat Christus die Grenzen unserer Existenz aufgebrochen und uns von den Fesseln des Todes befreit. In der Kommunion macht er uns so fähig, selbst aufzustehen aus dem Grab unseres Selbstmitleids, aus dem Grab unserer Resignation und Enttäuschung, aus dem Grab unserer Angst und Traurigkeit. An uns ist wahr geworden, was Paulus sagt: "Wenn also jemand in Christus ist, dann ist er eine neue Schöpfung: das Alte ist vergangen, Neues ist geworden." (2 Kor 5,17) In uns ist nicht mehr nur die Vergangenheit, die uns prägt, die uns oft genug festhält, weil sie uns mit Komplexen und Ängsten beladen hat. In uns ist zugleich Neues, der Geist Jesu Christi, der uns neu schafft. In uns ist Kreativität, Lebendigkeit, Phantasie. Wir müßten es nur zulassen. Wir müssen uns nicht selber neu machen, uns nicht selbst erlösen. Das hat Christus ein für allemal getan. In der Kommunion vollzieht sich diese Erlösung, dieses Neuschaffen konkret an uns. Da wird das, was im Tod am Kreuz ein für allemal geschehen ist, an uns Wirklichkeit.

Für die frühen Mönche war der Satz von der neuen Schöpfung ein Weg zur Vergangenheitsbewältigung. Die Psychologie versucht die Vergangenheit zu bewältigen, indem sie uns dazu drängt, alles aufzuarbeiten, was uns belastet, die vergangenen Wunden noch einmal zuzulassen in ihrem Schmerz, die verdrängten Gefühle von Wut und Angst nochmals zu durchleben, um dann davon frei zu werden. Das ist sicher ein wichtiger Weg, sich von der Macht der Vergangenheit zu befreien. Aber manchmal setzt er einen auch unter Leistungsdruck, als ob wir alles selber machen müßten. Und manches läßt sich nicht einfach abschütteln, auch wenn wir es immer wieder anschauen. Da ist die Erfahrung, daß wir durch Christus eine neue Schöpfung sind, eine wichtige Ergänzung, ein neuer Weg, die Vergangenheit zu bewältigen. In uns sind eben nicht nur die Wunden der Vergangenheit, in uns ist zugleich auch das Neue, das Christus uns schenkt. Das bedeutet nicht, daß wir die Augen verschließen vor den eigenen Problemen, von der Prägung durch die Vergangenheit. Wir schauen sie an, aber wir sehen zugleich auf Jesus Christus, der uns seinen Geist schenkt, der uns mit seinem ewig neuen Leben durchdringt. Und wenn wir das zulassen, wenn wir das in der Meditation in uns eindringen lassen, dann verliert die Vergangenheit an Macht über uns. Dann ist sie immer noch da, aber sie ist nicht die einzige Realität. Das Neue ist mitten in den alten Wunden. Und wenn wir uns dem neuen Leben öffnen, dann kann es in uns auch wirken und uns immer mehr von der Macht des Alten befreien.

2. Eucharistie als Mahl

Die Evangelisten beschreiben die Eucharistie als Mahl, als letztes Mahl Jesu mit seinen Jüngern vor seinem Tod am Kreuz. In der evangelischen Theologie stand dieser Aspekt immer im Mittelpunkt. Das II. Vatikanum hat den Mahlcharakter der Eucharistie wieder neu ins Bewußtsein gehoben. Die Frage ist, was der Begriff des Mahles mit unserer Menschwerdung zu tun hat. Mahl ist in der Antike einmal die Erfahrung tiefster Gemeinschaft mit den Teilnehmern am Mahl, aber zugleich auch mit Gott, der immer als der eigentliche Gastgeber gedacht war. Das Mahl zeigt uns, daß unsere Menschwerdung nicht rein individualistisch geschehen kann, sondern nur im Miteinander. Wer nicht zu einer echten Beziehung zu andern Menschen fähig ist, der ist nicht wirklich Mensch. Er ist noch nicht zu seinem Selbst vorgestoßen. Die Beziehungsfähigkeit ist wesentlich für unsere Menschwerdung. Das eucharistische Mahl will uns in Beziehung bringen zu den Menschen, die wir nicht selbst ausgesucht haben, die uns vielleicht gar nicht sympathisch sind, die zufällig jetzt gerade anwesend sind. Sie alle werden im Mahl zu unseren Brüdern und Schwestern. Einen Bruder und eine Schwester sucht man sich nicht aus. Man wird einfach in ihre Gemeinschaft hineingeboren. Die Eucharistie will uns zeigen, daß wir in die Gemeinschaft aller Menschen hineingeboren sind, daß alle unsere Brüder und Schwestern sind, daß wir niemand von unserer Gemeinschaft ausschließen können. Die Eucharistie wird in der Tradition auch als Hochzeitsmahl gesehen. Das Hochzeitsmahl ist ein altes Bild menschlicher Selbstwerdung. Die Hochzeit zeigt die Vereinigung der Gegensätze im Menschen, die Vereinigung von Mann und Frau, von animus und anima. In den Träumen ist die Hochzeit immer Symbol dafür, daß ein Mensch daran ist, alle Gegensätze in sich miteinander zu versöhnen und so ganz zu werden. In der Eucharistie feiern wir unsere Ganzheit im heiligen Mahl. Wir nehmen so unsere Selbstwerdung schon vorweg. Die Feier der Hochzeit zwischen Gott und Mensch hält uns zugleich auf dem Weg unserer Selbstwerdung. Sie hindert uns daran, stehenzubleiben, bevor nicht alles in uns miteinander versöhnt und mit Gott eins geworden ist.

Wie das Mahl der Eucharistie ein Weg zu unserer Selbstwerdung sein kann, wird deutlich, wenn wir im Lukasevangelium die Mahlzeiten betrachten, die Jesus immer wieder mit Menschen gehalten hat. Der Evangelist Lukas hat eine eigene

Theologie der Eucharistie entfaltet.[7] Für ihn ist Eucharistie die Fortsetzung der Mahlzeiten Jesu während seines Lebens. Kein Evangelist erzählt uns so oft vom Mahl, bei dem Jesus den Menschen nicht nur das Geheimnis des Himmelreiches verkündigt, sondern ihnen in seinem Tun die Güte und Menschenfreundlichkeit Gottes erweist. Lukas versteht Jesus als den göttlichen Wanderer, der vom Himmel herabkommt zu uns, die wir in der Fremde leben. Jesus wandert über die Erde und kehrt immer wieder bei Menschen ein, um mit ihnen Mahl zu halten und ihnen seine göttlichen Mahlgeschenke mitzuteilen. Das Mahl selbst ist schon Geschenk Gottes an die Menschen. Da zeigt Jesus, daß Gott nichts gegen den Menschen hat, daß er barmherzig ist, Sünden vergibt und in seinem Sohn eins werden möchte mit allen Menschen. Jesus predigt nicht nur von dem barmherzigen Gott, sondern läßt die Barmherzigkeit Gottes sichtbar werden, indem er mit den Gerechten und Ungerechten zugleich Mahl hält. Christus kommt zu uns in unsere Fremde. Im Mahl läßt er uns spüren, wer wir eigentlich sind. Und da der göttliche Wanderer unter uns ist, entsteht auf einmal mitten in unserer Fremde Heimat. Da tut sich ein Fenster auf und der Himmel öffnet sich. Gott selbst hat uns in Jesus Christus heimgesucht. Da Gott in unserer Mitte ist, sind wir daheim. Da wird auch unser Miteinander zur Erfahrung von Heimat, von Angenommensein ohne Bedingungen. Da kommt in unsere Gemeinschaft eine neue Dimension. Da wird der Grund unseres Miteinanders sichtbar: Gottes Liebe, die unter uns gegenwärtig ist, die uns miteinander verbindet, die die Fremdheit in uns und zwischen uns aufhebt und so Heimat schafft. Wenn wir die Berichte im Lukasevangelium über die Mahlzeiten Jesu anschauen, können wir verstehen, inwieweit das Mahl der Eucharistie mit unserer Menschwerdung zu tun hat. Das erste Mahl, von dem Lukas berichtet, ist das Mahl mit dem Zöllner Levi (Lk 5,27-32). Die Pharisäer regen sich darüber auf, daß Jesus mit Zöllnern und Sündern ißt. Doch Jesus begründet sein Verhalten: "Nicht die Gesunden brauchen den Arzt, sondern die Kranken." Eucharistie ist nicht Belohnung für die Gesunden und Starken, für die, die ohne Sünde sind, sondern Heilmittel für die Kranken, Barmherzigkeit und Vergebung für die Sünder. Zum Mahl sind wir eingeladen gerade mit dem, was in uns krank und verachtet ist, was in uns unrein und ausgestoßen ist. In der Begegnung mit Jesus Christus kann das Kranke in uns gesund werden, da wird das Verachtete hoffähig, so daß wir es wieder anschauen dürfen. Für Lukas atmen die Mahlzeiten Jesu immer Freude und Güte. Levi, der Zöllner, der von den Frommen abgelehnt und ausgestoßen wurde, fühlt sich geehrt und freut sich, daß er für Jesus ein Festmahl halten kann. Das Mahl ist Ausdruck des Dankes, daß Jesus ihn berufen hat. Und es ist Zeichen seiner Nachfolge, daß er alles verlassen hat, um Jesus zu folgen.

Das zweite Mahl ist im Haus des Pharisäers Simon. Jesus geht also genauso zu den Frommen. Er schließt niemand von seiner Menschenfreundlichkeit aus. Beim Mahl kommt nun eine Sünderin auf Jesus zu und salbt ihm die Füße mit kostbarem Öl. "Dabei weinte sie, und ihre Tränen fielen auf seine Füße. Sie trocknete seine Füße mit ihrem Haar, küßte sie und salbte sie mit dem Öl." (Lk 7,38) Während der Pharisäer die Sünderin ablehnt und sie am liebsten aus dem Haus werfen möchte, läßt Jesus sie zu und spricht sogar mit ihr. Er lobt ihr Verhalten vor all den Frommen und er sagt ihr die Vergebung ihrer Sünden zu. Jesus lädt alle ein, Sünder und Fromme. Eucharistie würde also heißen, daß auch wir einander einladen und niemanden ausschließen. Eucharistie hat immer auch mit unseren Beziehungen untereinander zu tun. Wir können sie nicht als Belohnung für unser gerechtes Tun für uns allein in Anspruch nehmen. Wir werden darin mit allen verbunden, die mit uns Mahl halten. Eucharistie wäre der Ort, an dem Sünder und Fromme in gleicher Weise Gottes Güte erfahren, an dem sie es aufgeben, sich miteinander zu vergleichen, sondern gemeinsam auf den barmherzigen Gott schauen, der in Jesus Christus zu uns gekommen ist, um mit uns Mahl zu halten. Gleichzeitig heißt Eucharistie jedoch auch, daß wir den Sünder und Pharisäer in uns selbst miteinander verbinden. Denn beides sind auch Wirklichkeiten unserer Seele. Die Eucharistie will das Gerechte und Ungerechte in uns miteinander versöhnen. Und wir können sie nur feiern, wenn wir diese Versöhnung mit unseren inneren Gegensätzen bejahen.

Das dritte Mahl ist bei Maria und Marta. Während Marta nur für die Bewirtung sorgt, setzt sich Maria Jesus zu Füßen und lauscht seinen Worten. Jesus lobt Maria. Sie hat das Bessere gewählt. Es geht nicht darum, nur Gutes zu tun, sich um das Wohl des andern zu sorgen, die Rolle des Gastgebers perfekt zu spielen. Eucharistie lädt uns ein, uns selbst etwas Gutes zu tun, uns etwas zu gönnen, sie lädt uns ein, wie Maria Jesus zu Füßen zu sitzen, auf ihn zu schauen und ihm zuzuhören. Im Hören öffne ich mich Jesus Christus und werde mit ihm eins. Das Mahl vertieft dann dieses Einswerden. Ich höre Jesus nicht nur, sondern ich esse ihn, verschmelze mit ihm. Ich lasse mich fallen, lasse alles um mich herum los, nur um auf Jesus Christus zu schauen, ihn zu hören und mit ihm eins zu werden. Das ist das eine Notwendige, das uns die Eucharistie schenkt: vor Christus und in Christus zur Ruhe kommen, ganz da sein mit ihm und in ihm, sich von ihm beschenken lassen, sich von ihm in Gott hineinheben lassen, damit wir in der Einheit mit Gott das Geheimnis unseres Selbst entdecken.

Die vierte Mahlzeit ist wieder im Haus eines Pharisäers (Lk 14,1-24). Das Mahl findet am Sabbat statt. Ein kranker Mann - er leidet an Wassersucht - kommt auf Jesus zu und Jesus heilt ihn. Bei den Juden war die Ursache für die Wassersucht eine Sünde der Unzucht [8]. Sie kann aber auch ein Bild sein, daß ein Mensch nicht mehr Herr ist über seinen Körper. Das Herz hat nicht mehr die Kraft, den Leib mit Blut zu versorgen. Und so schleicht sich Wasser ein. Er lebt nicht mehr ganz in seinem Leib, ein Teil ist von fremder Flüssigkeit durchdrungen. Jesus berührt den Mann und heilt ihn. Durch die Berührung Jesu kommt der Kranke nun auch mit sich selbst in Berührung und wird wieder ganz. Eucharistie ist immer auch Heilung unserer Krankheit. In der Tradition wurde die Eucharistie als Arznei für die Kranken verstanden. Indem Jesu Leib in mich eindringt, vertreibt er alles Fremde, das sich eingeschlichen hat, und verbindet mich mit mir selbst. Mein Herz ist wieder stark genug, den ganzen Leib mit Blut zu versorgen. Es ist wieder mein Leben, nicht mehr behindert durch das Wasser, nicht mehr geschwächt durch fremde Einflüsse, sondern von Christus geheiltes und befreites Leben. Jesus heilt bei diesem Mahl nicht nur, sondern er nimmt es "zum Anlaß, ihnen eine Lehre zu erteilen". Als er sieht, wie sich die Gäste die Ehrenplätze aussuchen, mahnt er zur Demut. Denn Gott wird uns den Platz im Himmelreich zuweisen. Wir können ihn uns nicht selbst aussuchen.

Das Mahl wird zum Bild für das Reich Gottes, für die letzte Entscheidung in unserem Tod. Und dann erzählt ihnen Jesus noch ein Gleichnis, um das Geheimnis des eucharistischen Mahles zu erklären. Das Mahl, das wir hier halten, ist Bild für das ewige Mahl, das Gott in seinem Reich für uns alle hält. Doch es gibt viele, die zwar zum Mahl im Reiche Gottes eingeladen sind, aber nicht kommen, weil sie zu sehr mit äußeren Dingen beschäftigt sind. Zwei haben etwas gekauft und wollen es besichtigen, der andere hat geheiratet. Arbeit und Erfolg, Beziehungen und persönlicher Lebensbereich sind wichtiger als das Reich Gottes. Der Hausherr läßt die Armen und Krüppel, die Blinden und Lahmen holen, damit sie Anteil haben am ewigen Mahl. Sanford, ein Schüler Jungs, deutet dieses Gleichnis so: "Am ehesten kommen diejenigen in das Gottesreich, die erkannt haben, daß sie im Leben irgendwie verletzt oder geschädigt worden sind... Wenn ein Mensch seine eigene Bedürftigkeit, ja, seine Verzweiflung nicht erkennt, so ist er nicht bereit für das Reich Gottes; ebenso werden die Selbstzufriedenen, die vom Leben in ihrer einseitigen Orientierung noch unterstützt worden sind, in ihrer Egozentrik befangen bleiben.... Die zuerst in die innere Welt gelangen, weil sie sich dazu getrieben fühlen, bleiben oft dort, um das Fest zu genießen. Wenn sie auch zunächst durch unangenehme Erlebnisse oder Mißerfolge dazu motiviert worden sind, können sie durch den Kontakt zu ihrer Innenwelt nicht nur geheilt werden, sondern auch die Triebfeder zu einem schöpferischen Leben entdekken."[9] Für Sanford bedeutet das Gottesreich, daß der Mensch die Wirklichkeit der inneren Welt erkennt und lernt, auf seine Forderungen zu hören. Das ist eine tiefenpsychologische Auslegung, die sicher einen wichtigen Aspekt verdeutlicht. In das Reich Gottes kommen wir nur, wenn wir auf Gott in unserem Herzen, in unseren Träumen, in den Bildern des Unbewußten hören. Der Weg zum Gottesreich ist zugleich der Weg der Selbstwerdung, der nur gelingt, wenn wir auf Gott hören, der in der Bibel zu uns spricht, der uns aber auch in unserem Unbewußten begegnen möchte. Eucharistie heißt nach diesem Verständnis, daß wir als Bedürftige zum hl. Mahl kommen, als Menschen, die das Ungenügen von Arbeit und Beziehungen spüren, die erkannt haben, daß das Reich des Menschen nicht genügt, daß vielmehr allein das Reich Gottes unsern wahren Hunger zu stillen vermag. Oft geht die Eucharistie an uns vorbei, weil wir zu sehr mit der äußeren Welt beschäftigt sind, mit unseren Sorgen und Problemen, mit unseren Plänen und Zielen. Was Eucharistie wirklich ist, geht uns erst auf, wenn wir die eigene Bedürftigkeit zulassen, das Arme und Verkrüppelte, das Lahme und Blinde in uns annehmen, wenn wir die Orientierung am Äußern aufgeben und mit der inneren Welt, mit der Welt des Reiches Gottes Kontakt aufnehmen. Dann wird das hl. Mahl zu einem Mahl der Freude über Gottes Güte und Barmherzigkeit, über seine Herrlichkeit und Größe. Alles in uns wird zum Mahl mit Gott geladen. So dürfen auch wir nichts ausschließen. Wir sollen gerade unsere Wunden, unsere Schwächen, das Verachtete, Kranke und Verkrüppelte in uns mitbringen, damit es eintauchen kann in das göttliche Leben, das uns im Mahl angeboten wird.

Dieses Verständnis von Eucharistie führt Lukas in den Gleichnissen des 15. Kapitels weiter. In der Einleitung dazu schreibt er, Jesus habe diese Gleichnisse erzählt, weil sich die Pharisäer und Schriftgelehrten über ihn empörten: "Er gibt sich mit Sündern ab und ißt sogar mit ihnen." (15,2) Er begründet also mit diesen Gleichnissen seine Mahlzeiten mit den Sündern und er deutet damit zugleich, was Eucharistie im Letzten meint. In drei Bildern beschreibt er das Geheimnis der Eucharistie. Er kommt in der Eucharistie zu uns, er läuft uns nach, die wir den Weg verloren und uns verirrt haben, die wir uns einsam und unverstanden fühlen, alleingelassen in der Steppe, in unwirtlicher Atmosphäre. Für Gregor von Nyssa stellt das verlorene Schaf "unsere verlorene Menschlichkeit" dar. "Psychologisch gesehen, repräsentiert das eine verlorene Schaf den verlorenen Teil unseres Wesens, den Teil unserer gesamten Persönlichkeit, der in die Tiefe gesunken, in der Hölle unserer inneren Spaltung gefangen ist und der anerkannt und zum Ausdruck gebracht werden muß, wenn wir vollständige Wesen werden sollen.... Das eine verlorene Schaf muß wiedergefunden werden, sonst sind die hundert nicht vollständig." (Sanford 164) In der Eucharistie findet uns Jesus, lädt uns auf seine Schultern und trägt uns nach Hause, dorthin, wo wir hingehören. Für die Kirchenväter bedeuten die Schultern, daß Jesus in der Menschwerdung uns auf sich geladen hat. Wenn wir in der Eucharistie seinen Leib essen, dann nimmt uns Jesus auf die eigenen Schultern. Und er trägt uns durch die Steppen unseres Lebens nach Hause, um für immer ein Mahl der Freude zu halten. Eucharistie ist ein Festmahl aus Freude, daß wir wiedergefunden wurden, daß Christus die verlorenen Teile unseres Wesens miteinander verbunden und so wieder ganz und heil gemacht hat. Nun dürfen wir daheim sein im Haus des Vaters und niemand kann uns seiner Hand entreißen. Im Mahl findet das, was wir in uns vernachlässigt und verloren haben, wieder zusammen. Durch Christus werden wir eins mit unserem innersten Wesen und finden zu unserem Selbst, zu unserer verlorenen Menschlichkeit, wie Gregor von Nyssa sagt.

Das Gleichnis von der Frau, die 10 Drachmen verloren hat, beschreibt einen ähnlichen Aspekt von Eucharistie. Die 10 Drachmen sind Bild für den ganzen Menschen. Wenn die Frau eine Drachme verloren hat, so ist das ein Bild, daß sie ihre Mitte verloren hat. Wir kommen zur Messe oft als Menschen, die sich selbst verloren haben, die nicht mehr ganz sind, nicht mehr eins mit sich, denen etwas abhanden gekommen ist, die aus ihrer Mitte gefallen sind. Tauler deutet dieses Gleichnis so: Gott selbst kommt in unser Haus, das wir so gut eingerichtet haben, daß die Möblierung unseres Ichs die verlorene Drachme verstellt. Die verlorene Drachme ist ein Bild für das Selbst, für den wahren Kern im Menschen, für Gott im Menschen. Vor lauter äußerer Beschäftigung, vor lauter Kampf um Sicherheit und Erfolg nach außen, haben wir die Innenwelt vernachlässigt, haben wir unser Selbst verloren. Nun kommt Gott in unser Haus und wirft alles durcheinander, er verrückt die Möbel und wirft alles um, was die Drachme verdecken könnte. Gott führt uns in eine Krise, um dann auf dem Grund unserer Seele die verlorene Drachme zu finden.[10] In der Eucharistie schenkt er uns die verlorene Drachme wieder in Leib und Blut seines Sohnes. Aber es ist eben Leib und Blut des gekreuzigten Sohnes. Kreuz ist ja so ein Bild für das Durcheinanderwerfen unserer Möbel, damit wir im eigenen Seelengrund die verlorene Drachme wieder finden. Gregor von Nyssa deutet das Gleichnis etwas anders. Für ihn ist die verlorene Drachme ein Bild für den verlorenengegangenen Teil unseres Wesens, "der wiederentdeckt werden muß, wenn wir vollkommen werden sollen". Die Frau, die ihre Ganzheit verloren hat, zündet nun ein

Licht an, um die Drachme zu suchen. "Um zu finden, was in uns selbst verlorengegangen ist, ist ein Akt des Bewußtseins nötig, das Anzünden unseres geistigen Lichts und anschließend ein gründliches Durchforschen unserer Seele, ein Auskehren der Innenwelt." (Sanford 165) Für Gregor von Nyssa ist die Frau die Seele, die in sich selbst die verlorengegangene Würde sucht. Das Licht, das sie anzündet, bedeutet "zweifellos unsren Verstand, der ein Licht auf verborgene Prinzipien wirft". Die Münze sucht und findet die Frau "im eigenen Haus, das heißt in sich selbst". "Mit dieser Münze weist das Gleichnis ohne Zweifel auf das Bild unseres Königs hin, der zwar noch nicht hilflos verloren, aber unter Schmutz verborgen ist." Für Gregor ist der Schmutz die Unreinheit unseres Fleisches. Durch Achtsamkeit kehren wir das Fleisch aus und säubern es. Dann gibt es die Sicht auf die verlorene Drachme frei. Und wir können sie unseren Nachbarn zeigen. Gregor schreibt: "Wahrlich, alle diese Mächte, die Hausgenossen der Seele sind und von denen das Gleichnis in diesem Fall als von Nachbarn spricht, werden, wenn das Bild des mächtigen Königs endlich in seinem Glanz enthüllt wird, das Bild, das der Schöpfer jedes einzelnen Herzens auf diese unsere Drachme aufgedruckt hat, für jene göttliche Freude und Festlichkeit verwandelt und werden auf die unaussprechliche Schönheit des Wiedergefundenen blicken." (Sanford 166) In der Eucharistie gibt uns Jesus in der Hostie die verlorene Drachme, das Bild des Königs, das unverfälschte Bild des Menschen, das Bild, das die Schönheit des Schöpfers widerspiegelt, in die Hand. So können wir durch Christus die eigene Ganzheit wiederfinden.

Auch das Gleichnis vom verlorenen Sohn deutet das Geheimnis der Eucharistie. Eucharistie ist das

Festmahl, das Gott mit uns hält, weil wir, die tot waren, wieder leben, und weil wir, die verloren waren, wiedergefunden wurden. Gott hat uns sein Vermögen geschenkt. Wir leben aus dem, was er uns von sich, von seinem Vermögen, von seinem Wesen geschenkt hat. Doch wir haben es verschleudert. Wir sind in ein fernes Land gezogen, sind unserem Wesen fremd geworden, haben uns unserer Würde entfremdet und haben unsern Hunger mit billigem Zeug gestillt. Wir leben in der Fremde und stopfen uns zu mit Dingen, die uns im Grunde nicht zufriedenstellen. Indem wir zur Eucharistie gehen, sind wir schon in uns gegangen, ahnen wir schon, daß wir woanders hingehören, daß es eine Heimat für uns gibt. Eucharistie ist nun das Mahl der Freude, das Gott mit uns feiert. Wir sind es nicht wert, aber er selbst läßt das beste Gewand für uns holen, er überkleidet uns mit seiner Herrlichkeit. Und er gibt seinen Sohn selber hin, um mit uns feiern zu können: "Wir wollen essen und fröhlich sein. Denn mein Sohn war tot und lebt wieder; er war verloren und ist wiedergefunden worden." (15,23f) Aber das Fest ist erst vollkommen, wenn auch der ältere Bruder sich auf das Fest einlassen kann. Der ältere Bruder, das kann ein Bild sein für uns, wenn wir uns über andere aufregen, denen Gott seine Güte erweist, obwohl sie es nicht verdient haben. Es kann aber auch ein Bild sein für einen Teil in uns. Dann sind beide Söhne zwei Aspekte unserer Seele, die miteinander verbunden werden müssen. Da ist der eine Teil, der etwas riskiert, der aber auch das Vermögen verschleudert, der sich selbst verliert. Und da ist der andere, der korrekt ist, alles richtig macht, aber sich nicht traut, die eigenen Bedrüfnisse anzumelden und auszudrükken. Beide Seiten in uns haben ihre Gefahren in sich. Beide werden im Mahl der Eucharistie miteinander verbunden. Christus verbindet sie, aber das bedeutet, daß auch wir ja sagen zu beiden Seiten in uns. Wenn wir eine ausschließen, dann sind wir nicht mehr ganz, dann können wir nicht wirklich Mensch werden.

Das letzte Mahl vor dem Abendmahl hält Jesus wieder mit einem Zöllner, mit Zachäus. Zachäus war der oberste Zollpächter und sehr reich. Doch seine Körpergestalt war klein. Offensichtlich benutzte er das Geld, um seine Minderwertigkeitskomplexe zu kompensieren. Doch je mehr er Geld verdiente und je höher er als Zöllner stieg, desto mehr wurde er von den Juden abgelehnt. Durch das Geld wollte er seinen Wert erkaufen, aber er erreichte das Gegenteil. Er konnte aus diesem Teufelskreis nicht mehr ausbrechen. Als Jesus nach Jericho kam, wollte ihn Zachäus unbedingt sehen. Offensichtlich faszinierte ihn etwas an diesem Rabbi. Doch weil er klein war, stieg er auf einen Maulbeerfeigenbaum. Das war schon der erste Schritt, um sich für Jesu Anruf zu öffnen. Denn der Maulbeerfeigenbaum galt als geringwertiger und verachteter Baum. Mit ihm in Berührung zu kommen, galt als unehrenhaft. "Damit, daß Zachäus ganz öffentlich auf den Maulbeerfeigenbaum kletterte, gab er seine äußere Maske völlig auf. Er demütigte sich vor aller Öffentlichkeit, weil er so begierig war, diesen Mann Gottes zu sehen." (Sanford 85) Jesus geht an Zachäus nicht vorüber, sondern schaut ihn an und heißt ihn, herabzusteigen, weil er bei ihm heute Gast sein möchte. Es gab sicher viele fromme und angesehene Menschen in Jericho, die sich gefreut hätten, Jesus einzuladen. Aber er lädt sich selber ausgerechnet bei diesem Sünder ein. Jesus verurteilt ihn nicht, hält ihm seine Fehler und Sünden nicht vor. Er sieht auf den guten Kern. Und er erkennt am Maulbeerfeigenbaum, daß dieser Mann bereit ist, seine Maske abzulegen. So lockt Jesus den guten Kern in ihm hervor. Die Frommen hatten den Zöllner durch ihre Ablehnung immer mehr zur Ausbeutung und damit in die Schuld getrieben. Weil Jesus diesem kleinen Mann etwas zutraut, lockt er das Gute in ihm hervor. Jetzt ist er bereit, die Hälfte seines Vermögens den Armen zu geben und allen, von denen er zuviel gefordert hat, es vierfach zurückzuerstatten. Nun beschämt er all die Frommen, die ihn abgestempelt hatten. Er tut mehr als sie. Und Jesus hält mit ihm Mahl und deutet es selbst: "Heute ist diesem Haus das Heil geschenkt worden, weil auch dieser Mann ein Sohn Abrahams ist." Das Mahl selber bringt diesem Zöllner das Heil. Denn es läßt ihn eins werden mit Jesus, dem Boten Gottes, der ihm Gottes Güte und Menschenfreundlichkeit erweist. Eucharistie bedeutet nach dieser Perikope, daß Jesus mit uns Mahl hält, weil er an den guten Kern in uns glaubt und das Gute in uns hervorlocken möchte. Wir dürfen in die Eucharistie kommen wie Zachäus, als Menschen, die in Schuld geraten sind, die sich klein und minderwertig vorkommen, die sich verachten wie der Zöllner und die durch alle Versuche, etwas Besonderes zu werden, nur immer tiefer in die Ablehnung durch die andern und in Selbstverachtung hineingeraten. Wir brauchen keine Vorleistungen zu erbringen. Einzig die Bereitschaft, unsere Maske abzulegen, so wie wir sind, Jesus zu begegnen, müssen wir mitbringen. Im Bußakt steigen wir dann wie Zachäus auf den Maulbeerfeigenbaum, schauen unsere innere Minderwertigkeit, unsere Schuld an und schauen gleichzeitig von unserem Baum auf Jesus. Er ist wichtiger als unsere Schuld. Wir steigen auf den Baum, weil wir Jesus sehen wollen und nicht, weil wir uns vor allen als Sünder bekennen möchten. In der Lesung und im Evangelium spricht Jesus uns dann an und lädt uns ein zum Mahl. Wenn uns der Priester dann bei der Kommunion die Hostie in die Hand legt, ist es die fleischgewordene Zusage: Heute ist dir Heil widerfahren. Wir begegnen in der Kommunion Jesus Christus, der an den guten Kern in uns glaubt und der sich uns schenkt, um das Gute in uns hervorzulocken. Zachäus hat Jesus freudig bei sich aufgenommen. Die Freude, daß Jesus uns annimmt, wie wir sind, daß er uns etwas zutraut und eins werden möchte mit uns, ist die Grundstimmung, in der wir Eucharistie feiern sollten.

Aber wenn Jesus Zachäus nicht verurteilt, sondern an das Gute in ihm glaubt, hat das auch Folgen für die Art, wie wir miteinander Eucharistie feiern. Denn es geht ja nicht nur um meine persönliche Begegnung mit Jesus Christus, sondern gemeinsam halten wir Mahl mit Christus. Dabei sollten wir durch die Art, wie wir feiern, wie wir das Evangelium auslegen, wie wir die liturgische Handlung vollziehen, allen Feiernden vermitteln, daß sie sein dürfen, wie sie sind, daß sie bedingungslos von Gott angenommen sind, daß Gott ihnen etwas zutraut, daß er den guten Kern in ihnen hervorlocken möchte. Und was Jesus mit uns tut, müssen wir auch einander erweisen. Da dürfen wir nicht in unseren Vorurteilen gefangen bleiben, da können wir nicht mehr einander abstempeln oder abschreiben, da sind wir herausgefordert, an das Gute in jedem zu glauben und ihm so zu begegnen, daß er selbst an das Gute in sich glauben kann, daß das Herz ihm aufgeht und er auf einmal wie Zachäus frei wird von den Mechanismen falscher Selbstbestätigung auf Kosten anderer. In der Art, wie wir miteinander in der Eucharistie umgehen, sollte jeder spüren, daß ihm Heil widerfahren ist und daß er Grund hat zur Freude. Eucharistie ist nicht nur ein Weg zu meiner Menschwerdung, sondern auch ein Ort, wo wir einander helfen, Mensch zu werden, unsere Masken abzulegen und die eigenen Möglichkeiten in uns zu entdecken, an den guten Kern in uns zu glauben und ihn zu entfalten.

All diese Mahlzeiten deuten das letzte Mahl Jesu mit seinen Jüngern. Lukas schildert es etwas anders als Markus und Matthäus. Einmal berichtet Lukas von den Gesprächen Jesu mit seinen Jüngern und von Abschiedsworten. Beim Mahl kommen nochmals die wichtigsten Gedanken der Botschaft Jesu zur Sprache: die Liebe untereinander, einer soll den andern in seinem Glauben stärken, die Sendung der Apostel zu den Menschen und die Verheißung, daß die Jünger, die mit ihm in der Prüfung ausgeharrt haben, in seinem Reich mit ihm zu Tische sitzen werden. Jesus reicht zuerst den Wein den Jüngern weiter und deutet an, daß es das letzte Mahl sein wird, "bis das Mahl seine Erfüllung findet im Reich Gottes". Das Reich Gottes aber ist die Kirche, die an Pfingsten entsteht. Das Mahl, das Jesus mit seinen Jüngern immer wieder gehalten hat, findet seine Erfüllung in der Eucharistie, die seine Kirche durch die Zeiten hindurch feiert, bis sie einmündet in das ewige Mahl, wo wir mit Christus auf Thronen sitzen und an seinem Tisch essen und trinken werden. Jesus nimmt nun das Brot, bricht es und reicht es den Jüngern mit den Worten: "Das ist mein Leib, der für euch hingegeben wird. Tut dies zu meinem Gedächtnis!" Und er nimmt den Kelch mit den Worten: "Dieser Kelch ist der Neue Bund in meinem Blut, das für euch vergossen wird." Hier vollendet sich, was Jesus in den Mahlzeiten während seines Lebens immer wieder verkündet hat: Gott selbst hat in Jesus Christus die Menschen besucht und ihnen seine Güte und Menschenfreundlichkeit erwiesen, wie es Zacharias schon zu Beginn verheißen hatte: "Durch die barmherzige Liebe unseres Gottes wird uns besuchen das aufstrahlende Licht aus der Höhe." (Lk 1,78) Ja, dieser Besuch Gottes in Jesus Christus gipfelt darin, daß er sich selbst uns schenkt in dem Brot und in dem Wein. Es ist Leib und Blut Jesu Christi, Zeichen, daß Gott uns durch die Zeiten hindurch immer wieder besucht als das Licht aus der Höhe, um uns mit göttlichem Leben zu beschenken. Und das Mahl, das wir im Namen Jesu feiern, ist die Bestätigung des Neuen Bundes, den Gott in Jesus Christus mit uns geschlossen hat. Der Neue Bund, das ist die absolute Zusage Gottes an uns, daß er sich an uns bindet. Es ist nicht die Erneuerung des Bundes am Sinai, wo Gott und Mensch gegenseitige Verpflichtungen eingegangen sind, sondern die Bekräftigung des Noahbundes, in dem Gott sich bedingungslos an uns bindet und sich einseitig verpflichtet, für immer Frieden zu stiften. Schon im Laufe des AT haben die Frommen begriffen, daß der Mensch unfähig ist, die Verpflichtungen des Sinaibundes zu halten. So entwickelt sich in der Priesterschrift die Theologie des Noahbundes, der bedingungs- und voraussetzungslos ist. Gott bindet sich an uns, auch wenn wir uns von ihm immer wieder losreißen. Er ist uns Treulosen für immer treu. Dieser Bund wird in Jesus Christus erneuert und bestätigt mit seinem Blut, mit dem Zeichen seiner Liebe, seiner Hingabe an uns. Die bedingungslose Daseinsberechtigung, die wir durch den Neuen Bund erfahren, ist Voraussetzung für wirkliches Leben, für eine Menschwerdung, die befreit. Frielingsdorf hat in seinem Buch "Vom Überleben zum Leben"[11] gezeigt, daß sehr viele Menschen nur bedingte Daseinsberechtigung erfahren und so gezwungen sind, Überlebensmodelle zu entwickeln, um einigermaßen zu überleben. Sie haben als Kind gespürt: Du darfst sein, wenn du brav bist, wenn du mir keine Sorgen machst, wenn du dich anpaßt, wenn du Erfolg hast, wenn du etwas leistest, wenn du stark bist. Und so mußten sie zeit ihres Lebens Höchstleistungen erbringen, um das Gefühl zu bekommen, leben zu dürfen. Oder sie durften nie ihre Bedürfnisse sagen, aus Angst, sie könnten abgelehnt werden. Sie mußten ihre Gefühle unterdrücken, aus Angst, andern zur Last zu werden und ihnen Sorgen zu bereiten. Die Eucharistie als die Feier des Neuen Bundes, der bedingungslosen Daseinsberechtigung, befreit uns von solchen Überlebensmodellen und befähigt uns zu wahrem Leben. In der Eucharistie bindet sich Gott an uns, ja er wird mit uns eins, ohne daß wir ihm die Erfüllung seiner Gebote vorweisen müßten. Bedingungslos akzeptiert er uns, damit wir - von seiner absoluten Liebe geliebt - frei werden, nun selber zu lieben, nun selber andere bedingungslos anzunehmen.

Nach der Auferstehung berichtet Lukas noch einmal von einem Mahl. Zwei Jünger sind aus Enttäuschung über den Tod Jesu am Kreuz auf dem Weg nach Emmaus. Sie laufen von dem Ort weg, an dem ihnen ihre Illusionen jäh zerbrochen sind. Doch weil sie nicht einfach stumm davonlaufen, sondern sich über ihre Enttäuschung unterhalten, kann sich Jesus zu ihnen gesellen und sich an ihrem Gespräch beteiligen. Er nimmt die Enttäuschung ernst, aber er deutet sie im Licht der Heiligen Schrift so um, daß sie sie verstehen und einordnen können: "Mußte nicht der Messias all das erleiden, um so in seine Herrlichkeit zu gelangen?" Er erklärt ihnen, warum der Messias diesen Weg gehen mußte. Eucharistie ist im Wortgottesdienst Umdeuten unseres Lebens. Wir hören das Wort Gottes und unsere Aufgabe wäre es, unsere Erfahrungen mit dem Wort der Schrift so zu verbinden, daß wir unser Leben anders sehen lernen, daß wir es umdeuten und es im Licht der göttlichen Worte neu verstehen. Der Schlüssel zum Umdeuten wäre: Mußte es nicht so mit dir kommen, damit es gut wird mit dir, damit du frei wirst von deinen Illusionen, damit du wirklich zu dir findest, damit du in deine Gestalt, in dein Wesen, in deine Herrlichkeit gelangst? Wir kommen in die Eucharistie mit einem ganz bestimmten Selbstverständnis, mit bestimmten Deutungen unseres Lebens. In der Eucharistie bringen wir unsere Deutung mit der Deutung der Schrift in Korrelation. Wir versuchen, im Licht der Schrift unsere Erfahrungen anders zu deuten, so zu deuten, wie Gott sie sieht. Und von der Sicht Gottes her wird vieles für uns erst verständlich, da bekommt unser Leben Sinn. Wenn wir unser Leben richtig deuten, können wir auch besser leben. Die Deutung beeinflußt unser Leben, unsere Grundstimmung, unsere Motivation. Eine falsche Deutung kann uns lähmen. Wenn wir z.B. alle Krankheiten oder jedes Unglück als Strafe Gottes deuten, können wir nicht richtig leben. Der Weg der Menschwerdung verlangt auch eine richtige Deutung unseres Lebens. Sonst kommen wir auf Irrwege. Sonst laufen wir wie die Emmausjünger vor der Enttäuschung unseres Lebens davon, vielleicht nicht an einen andern Ort, sondern in die Betäubung durch Arbeit, Alkohol oder ständige Aktivität.

Als Jesus mit den Jüngern in Emmaus ankommt, bitten sie ihn: "Bleib doch bei uns; denn es wird bald Abend, der Tag hat sich schon geneigt." "Da ging er mit hinein, um bei ihnen zu bleiben." (Lk 24,29) Weil es Abend wird, weil es dunkel wird in unserem Leben und wir nicht mehr weiterwissen, darum feiern wir Eucharistie. Und in der Feier geht Jesus selbst mit uns in das Haus, um bei uns zu bleiben. Eucharistie ist der Ort, wo wir absichtslos einfach gemeinsam mit Jesus da sind, um einander zu begegnen, um miteinander etwas vom Geheimnis des gegenwärtigen Gottes zu erspüren. Jesus bricht nun das Brot und gibt es den Jüngern. "Da gingen ihnen die Augen auf, und sie erkannten ihn; dann sahen sie ihn nicht mehr." Das Mahl der Eucharistie ist der Ort, wo wir dem Auferstandenen begegnen können. Jesus ist in seinem Tod und seiner Auferstehung nicht einfach von uns gegangen. Er geht als der Auferstandene unsere Wege mit. Und bei der Eucharistie dürfen wir ihm immer wieder neu begegnen. Beim Brotbrechen können auch uns die Augen aufgehen und wir verstehen auf einmal: Ja, es ist der Herr, er, der für uns gestorben ist. Er lebt. Er ist bei uns. In der Eucharistie tritt Jesus in unser Haus, um uns unser Leben neu zu deuten. Er geht mit uns die Wege unserer Enttäuschung und lehrt uns, sie in einem neuen Licht zu sehen. Und er bricht uns das Brot, um uns Anteil zu geben an seinem göttlichen Leben. Er ist nun beim Vater und doch tritt er immer wieder in unser Leben ein, um bei uns zu sein, um uns mitten in der Enttäuschung unseres Lebens die Güte und Menschenfreundlichkeit Gottes zu zeigen, um uns mitten in der Fremde dieser Erde die Geborgenheit und Heimat in Gott erfahren zu lassen. Die Begegnung mit dem Auferstandenen gibt den Jüngern Mut, noch in derselben Stunde nach Jerusalem zurückzukehren, an den Ort ihrer Enttäuschung. Und nun erzählen sie den Jüngern, "was sie unterwegs erlebt und wie sie ihn erkannt hatten, als er das Brot brach". Und auch die Elf erzählen ihnen, daß der Herr wirklich auferstanden und dem Petrus erschienen sei. Hier entsteht nun Kirche als Erzählgemeinschaft. Die Jünger erzählen einander, was der Herr an ihnen getan hat, was sie mit ihm erlebt haben. Das wäre auch ein schönes Bild für Eucharistie. Das Mahl ist Erzählgemeinschaft. Einander erzählen sich die Teilnehmer am Mahl, wie sie in ihrem Leben Gott erfahren haben, wo Gott an ihnen gehandelt hat, wo ihnen die Augen aufgehen und wie ihr Herz brennt, wenn sie den Herrn erkennen. Leider ist das in den normalen Gottesdiensten kaum erfahrbar. Aber in Gruppenmessen könnte das Bild von der Erzählgemeinschaft die Eucharistie in ein neues Licht tauchen. Da könnte etwas sichtbar werden von dem Mahl Jesu mit den Emmausjüngern, von der Begegnung mit dem Auferstandenen, die unser Leben umdeutet und verwandelt, die Licht bringt in alle Dunkelheit und Enttäuschung, die das Herz brennen läßt, weil Jesus selber durch unser Tun durchscheint.

Die Bilder vom Mahl, mit denen Lukas das Geheimnis der Eucharistie deutet, sind immer auch Bilder von Gott und vom Menschen, Bilder von Menschwerdung. Im Mahl begegnen wir Gott auf neue Weise und im Mahl werden wir eins mit uns selbst. Da berührt uns das Heil Jesu, da geschieht Heilwerden und Menschwerdung. Das Mahl hat ja im Leben der Menschen seit jeher eine wichtige Bedeutung. Gemeinsam miteinander essen schafft Gemeinschaft und Gemeinsamkeit, es überbrückt Gräben und läßt uns aneinander teilhaben. Das Mahl verlangt auch nach einer Kultur des Essens und des Miteinanders. Da kann man nicht hastig runterschlingen, da muß man sich Zeit lassen, da bekommt man Sinn für Schmuck, für Schönheit. Da gibt es Tafelmusik, da gibt es Gespräche, zu denen man sich Zeit läßt, die man nicht von vornherein plant, da entsteht Kommunikation, Verständnis, Achtung, Einheit. Wo die Kultur des Mahles verlorengeht, da verkümmert der

Mensch. Die Eucharistie greift die Kultur des Mahles auf und gibt ihr eine neue Dimension. Da tritt das Essen selbst in den Hintergrund, es wird auf Brot und Wein reduziert. Aber das Miteinander, die Deutung unseres Lebens, die Schönheit in der Musik, im Schmuck, das Sichzeitlassen - diese wesentlichen Aspekte des Mahles - werden kultiviert, bekommen eine neue Dimension und lassen auch wieder neues Licht auf unsere alltäglichen Mahlzeiten fallen. Nicht umsonst hat der hl. Benedikt das Mahl der Brüder als Fortsetzung des eucharistischen Mahles gesehen. Er gibt dem Mahl eine feste Ordnung, einen festlichen Rahmen. Da wird beim Mahl vorgelesen, damit auch der Geist ernährt wird. Da bedient einer den andern, ja die Küchendiener sollen am Anfang und zu Beginn ihres Wochendienstes allen Brüdern die Füße waschen, ein deutliches Zeichen, daß Eucharistie und Mahl miteinander eine Einheit bilden. Die Küchendiener beginnen ihren Dienst mit dem Vers: "O Gott, komm mir zu Hilfe, Herr, eile mir zu helfen." Es ist der gleiche Vers, mit dem die Mönche jede Gebetszeit beginnen und mit dem sie das immerwährende innere Gebet üben. Und der Tischleser beginnt seinen Dienst mit dem Vers, den die Mönche zu Beginn der Vigilien beten: "Herr, öffne meine Lippen, damit mein Mund dein Lob verkünde." Das gemeinsame Mahl ist genauso Verkündigung der Großtaten Gottes wie das Stundengebet. Die Kultur des Mahles, wie sie Benedikt beschreibt, ist sicher nicht für jeden nachvollziehbar. Aber sie könnte zumindest das Bewußtsein wecken, daß unsere gemeinsamen Mahlzeiten etwas mit der Eucharistie zu tun haben. Wenn das Brot, das wir in der Eucharistie reichen, den Leib Christi darstellt, dann wirft das auf jedes Brot, das wir essen, ein göttliches Licht. Und wenn das Mahl der Eucharistie uns mit Gott und miteinander verbindet, so kann unser tägliches Mahl nicht mehr nur ein Abspeisen, ein Hinunterschlingen sein. Es hat durch das eucharistische Mahl eine neue Würde bekommen. Es verbindet uns in ähnlicher Weise miteinander und mit Gott. Es kann wie die Eucharistie zu einem Ort der Menschwerdung werden, zu einem Ort, an dem wir zu uns selbst und zueinander finden und Gott als Mitte und Grund unseres Miteinanders erfahren.

3. Eucharistie als Wandlung

Während die griechischen Kirchenväter die Eucharistie vor allem als Geschehen, als Gegenwärtigwerden der vergangenen Heilstat Gottes in Jesus Christus, gesehen haben, haben sich die lateinischen Väter und die scholastische Theologie auf die Wandlung und Verwandlung irdischer Gaben in Leib und Blut Christi konzentriert. Wie ist es möglich, daß Brot und Wein in Leib und Blut Jesu Christi verwandelt werden? Auch in neueren theologischen Büchern konzentriert man sich beim Thema Wandlung auf die Wandlung von Brot und Wein. Gegenüber dem scholastischen Verständnis von Transsubstantiation möchte man die Wandlung als Transsignifikation verstehen. Die Lutheraner sprechen von Consubstantiation. Doch es geht letztlich nicht ausschließlich um die Verwandlung von Brot und Wein in Leib und Blut Jesu Christi, sondern um das Geheimnis von Wandlung überhaupt. Wie kann mein Leben durch die Eucharistie verwandelt werden? Welche Bedeutung hat die Wandlung der eucharistischen Gaben für uns Menschen, ja für unsere Welt, für die Schöpfung? Dabei sind mir zwei Wege wichtig, das Wesen der Wandlung neu zu sehen: einmal die Sicht Teilhard de Chardins, der Wandlung als Verwandlung des Kosmos versteht und somit unsere Beziehung zur Schöpfung thematisiert; und dann die initiatische Therapie Dürckheims, die die Verwandlung des Menschen in seinem Leib zum zentralen Thema gemacht hat.

Doch bevor wir uns diesen beiden Ansätzen zuwenden, die eucharistische Wandlung existentiell zu verstehen, soll ein Blick in die Bibel zeigen, daß die Verwandlung unseres unerlösten Lebens in ein heiles und befreites Leben auch ein entscheidendes Thema der Offenbarung ist. Die biblischen Bilder der Wandlung illustrieren, was die Verwandlung von Brot und Wein in Leib und Blut Christi für unser Leben darstellen will. Da wird der Dornbusch, ein Bild des Verachteten und Verdorrten, durch das Feuer göttlicher Liebe in einen hellen Schein verwandelt. Der Dornbusch bezeichnet unseren Alltag, der Gottes Herrlichkeit widerspiegelt, sobald er von Gottes Gegenwart durchdrungen ist. Das Meer, in dem die Israeliten zu versinken drohen, wandelt sich in trockenes Land, durch das das Volk sicheren Fußes hindurchziehen kann. Das Meer unseres Unbewußten, das uns verschlingen möchte, wird durch das Wirken Gottes zu einem Weg in ein neues Land. Der harte und steinige Fels wird durch die Berührung mit dem Stab zur Wasserquelle, das Harte und Steinige in uns wird durch die Berührung mit dem Heiligen Geist zu einer Quelle sprudelnden Wassers. Die Wüste in uns wird von Gott gewandelt zu Oasen und Wasserteichen. Mitten in unserer Wüste tut sich ein Brunnen auf. Die Dunkelheit wird in Licht, das Häßliche in Herrlichkeit, das Vergängliche in Unvergängliches verwandelt. Das Herz aus Stein wandelt Gott zu einem Herzen aus Fleisch, zu einem Herzen, das fühlen und lieben kann. Der Gipfel der Verwandlung wird in der Verklärungsgeschichte sichtbar. Da wird Jesus verwandelt. "Sein Gesicht leuchtete wie die Sonne, und seine Kleider wurden blendend weiß wie das Licht." (Mt 17,2) Das Wesen Jesu leuchtet auf, das Eigentliche scheint durch. Und dieses Bild der Verklärung ist Hoffnung für uns, daß auch bei uns das wahre Bild durch allen Schein hindurchdringt, daß Christi Herrlichkeit auch im Brot und Wein unseres Lebens aufleuchtet. Erhart Kästner hat unser Leben als ein Leben auf Verklärung hin, also letztlich auf Eucharistie, auf Wandlung hin bezeichnet:

"Wenn anders Verklärung der Durchbruch des Eigentlichen durchs Schemenhafte, des Lebendigen durch die Schatten, des Geliebten durchs Ungeliebte und die Ankunft des Langerwarteten ist, so weiß jeder, daß solche Momente es sind, um derentwillen wir leben. Verklärung ist Durchschein des Urbilds. Das wird von jedem Geborenen erhofft. Wir leben auf Verklärungen zu, worauf sollten wir sonst, es ist unsere angeborene Hoffnung....Verklärung gehört zu unserer Erfahrung, sie gehört zu unserem Leben. Mit ihr beginnt erst das Leben. Und das weiß auch Jeder, daß nur die Liebesblicke es sind, die die Kraft der Verklärung besitzen. Nur dem Auge, das nicht liebt und nie geliebt hat, ist Verklärung nie widerfahren. Und selbst wenn es sich wieder entzog, was dem Liebesblick aufschien: da darf man sich nicht irr machen lassen, daß es das Eigentliche, daß es das Wirkliche war."[12]

Nicht philosophische Reflexion kann uns das Geheimnis der Wandlung erklären, sondern nur ein Herz, das zu lieben versteht und seiner Sehnsucht auf Verwandlung, auf Verklärung traut. Kästner sieht die Verwandlung von Brot und

Wein in Zusammenhang mit der Verwandlung der Dinge unseres Lebens durch das Wort und Gleichnis Jesu. Durch die Verkündigung Jesu in Gleichnissen sind alle Dinge der Welt Bilder für das Heil geworden, Bilder, in denen Christus selber durchscheint: "Durchs Gleichnis muß eine sakramentale Erhöhung auf die gerufenen Dinge ausgehen, auf Weinstock und Rebe, reifende Felder, Hochzeit, Brot, Eckstein, Groschen und Knecht: eine Verwandlung, die in der Verwandlung von Brot und Wein wohl ihren höchsten, aber nicht einsamen Ausdruck besitzt." (Kästner 107)

Die Verwandlung des Kosmos durch die Eucharistie ist ein Zentralthema bei Teilhard de Chardin. Die Wandlungsworte des Priesters gelten nach Teilhard nicht nur Brot und Wein, sondern der ganzen Schöpfung: "Über alles Leben, das an diesem Tage keimen, wachsen, blühen und reifen wird, sage neu: Dies ist mein Leib. Und über allen Tod, der sich zu zerfressen, zu welken, zu schneiden anschickt, befiehl (das Geheimnis des Glaubens kat' exochen): Dies ist mein Blut."[13] Um uns herum wird alles durch das Wort des Priesters verwandelt, alles wird durchlässig für Christus, alles wird "diaphan". Für Teilhard hat Eucharistie daher eine Auswirkung für unsere Beziehung zur Schöpfung, sie stellt uns in den Dienst der Evolution, in den Dienst der Vergeistigung der Materie durch Christus. So betet er nach der Kommunion: "Möge diese Kommunion des Brotes mit dem Christus, Der mit den Mächten umkleidet ist, die die Welt ausweiten, mich von meiner Zaghaftigkeit und meiner Sorglosigkeit befreien! O mein Gott, ich werfe mich auf Dein Wort hin in den Strudel der Kämpfe und Energien, in denen sich mein Vermögen, Deine heilige Gegenwart zu erfassen und zu erfahren, entwikkeln wird. Wer leidenschaftlich Jesus verborgen in den Kräften liebt, die die Erde wachsen lassen, den wird die Erde mütterlich in ihren Riesenarmen emporheben, und sie wird ihn das Angesicht Gottes schauen lassen." (Lobgesang 31) Teilhard versteht sein Leben als Dienst am Leib Christi, der sich über die ganze Welt ausbreiten und sie von innen her durchdringen will. Die Eucharistie ist Einübung in diesen Dienst. Wer Brot und Wein in Leib und Blut Christi wandelt, der muß auch bestrebt sein, die ganze Welt mit dem Geist Jesu Christi zu durchdringen.

Die Frömmigkeit Teilhards ist eine durch und durch eucharistische und zugleich inkarnatorische. Die Eucharistie soll unser ganzes Tun und Denken durchdringen: "Ich werde der eucharistischen Berührung also mit der ganzen Anstrengung meines Lebens antworten - meines heutigen und morgigen Lebens - meines persönlichen Lebens und meines mit allem andern Leben verbundenen Lebens. In mir lösen sich die heiligen Gestalten immer wieder auf. Aber sie lassen mich jedesmal ein wenig tiefer in den Schichten Deiner Allgegenwart zurück. Im Leben und im Sterben, in keinem Augenblick werde ich aufhören, in Dir voranzuschreiten."[14] Die Eucharistie verpflichtet uns, ganz Kinder dieser Erde zu werden, aber zugleich diese Erde mit dem Geist Christi zu durchdringen, alle unsere irdische Tätigkeit in den Dienst der Verwandlung des Kosmos zu stellen. Der eucharistische Christus durchdringt den Kosmos, heiligt die Materie und drückt ihr seinen göttlichen Stempel auf. Und so verklärt die Eucharistie unsere Welt nach und nach in den göttlichen Bereich: Die Messe ist "ein Ereignis des Weltalls". In ihr "sammelt sich das ganze Universum und tritt in einen neuen Zustand der Entwicklung ein. Wenn wir also die heilige Eucharistie feiern, nehmen wir alle Kräfte der Evolution in uns auf und führen das Weltall seiner letzten Vollendung entgegen. Die Messe ist immer eine Messe der Welt, die Krönung ihrer Schönheiten, ihrer Anstrengung, ihres Leidens und ihrer geheimen Sehnsucht."[15]

Vielleicht kann nicht jeder nachvollziehen, wie Teilhard seinen Dienst an der Schöpfung und an der Evolution von der Eucharistie her versteht. Teilhard ist von einer tiefen Liebe zur Schöpfung beseelt. In der Eucharistie läßt er sich immer wieder neu von Christus aufbrechen, um sich in den Prozeß der Liebe hinein zu verlieren, damit die ganze Welt von dieser Liebe verwandelt wird. Die Hingabe Christi in der Eucharistie macht sein Herz weit und öffnet es für die göttliche Verwandlung des Kosmos. Von Teilhard könnten wir lernen, daß die Feier der Eucharistie sich nicht auf den Raum der Kirche beschränkt, sondern die ganze Welt verwandeln will. Was wir auf dem Altar feiern, das will sich in unserer Arbeit fortsetzen. Da sollen wir die Verhältnisse um uns herum wandeln, da sollen wir in die Beziehungen etwas von der einenden Liebe Christi tragen, da sollen wir diese Welt so gestalten, daß sie diaphan wird für Christus, da soll in unserem alltäglichen Dienst Gott selber durchschimmern, da sollen wir in allem, was wir tun, den göttlichen Bereich vorantreiben, damit in allem sachgerechten Handeln und Gestalten das Ziel der Schöpfung erreicht wird: daß sie von Christus durchwirkt und seinem Geist durchtränkt in Gott hineingehoben und verwandelt wird.

Verwandlung ist in der initiatischen Therapie Graf Dürckheims ein Schlüsselbegriff. Das Ziel des Menschen ist die ewige Verwandlung, das Transparentwerden für das göttliche Sein. Der Mensch soll durchlässig werden für Gott. "Der

Weg zu dieser Durchlässigkeit ist ein Prozeß der Verwandlung, und zwar einer Verwandlung des ganzen Menschen."[16] Wenn der Mensch sich dem göttlichen Geist öffnet und für ihn durchlässig wird, wird er auch offen für sein wahres Wesen, kommt er in Berührung mit dem Geheimnis seines Menschseins. "Aufgegeben ist die Verwandlung des Menschen von einem, der dem Wesen verstellt ist, zu einem, der für die Erfahrung dieses Wesens und das Selbstwerden aus dem Wesen geöffnet ist." (Med 144) Mit Wesen meint Dürckheim das Bild, das Gott uns im Tiefsten eingeprägt hat. Er kann es auch den Christus in uns nennen. Das Ziel der Menschwerdung und das Ziel aller meditativen Praxis, die uns zu unserem wahren Wesen fühlen will, ist "die Große Durchlässigkeit für das uns und allen Dingen innewohnende und auf Manifestation drängende WESEN" (Med 116) Der Weg zur Verwandlung geht auch für Dürckheim nur über das "Stirb und Werde". Das Wesensgesetz der Eucharistie ist somit auch in der initiatischen Therapie "die Grundformel aller Verwandlung". (Med 89)

Das Rad der Verwandlung darf im Menschen nie stille stehen, es soll alles in ihm verwandeln, Angst und Not, Traurigkeit und Verzweiflung, damit der Mensch mehr und mehr transparent wird für Gott.[17] Die Voraussetzung wirklicher Verwandlung ist für Dürckheim die Annahme des eigenen Schattens. Der Schatten bezeichnet alles, was wir von unsererm Leben ausgeschlossen haben, Seiten in uns, die unserem Selbstbild widersprechen, die wir daher in den dunklen Grund unserer Seele verbannt haben. Erst wenn wir uns unserem Schatten stellen, "können wir jene Legitimation für die entscheidende Verwandlung gewinnen, die nur aus einer Begegnung mit den Gewalten der Tiefe herkommt, in der der Mensch sie, weil er

von ihnen gepackt war, erkennt und integriert."
(Überwelt 47) Der Mensch verfehlt seine Ganzheit, wenn er seine natürlichen Wünsche und
Triebe verdrängt, wenn er wesentliche Seiten seines
Menschseins unterdrückt. Die Seiten, die in ihm
nicht zur Erscheinung kommen dürfen, werden
zum Schatten. "Der Schatten ist das Licht in der
Gestalt dessen, der es verstellt. Er ist das Dunkle
als die Kraft, die die lichte Fassade bedroht. Er
bedroht sie als das Insgesamt dessen, was zum
Ganzsein eines Menschen gehört hätte, aber nicht
zur Entfaltung kam. Er bedroht sie als das Insgesamt natürlicher Impulse und Triebe, die verdrängt wurden und nun ihr Unwesen im Unbewußten treiben. Als Kernschatten ist er das Wesen in der Gestalt dessen, was das Strahlen seines
Lichtes verstellt." (Med 72) Das Verdrängte behindert die Entfaltung unseres Wesens. Damit
wir durchlässig werden können für unser wahres
Wesen, für das Sein, für Gott, müssen wir die
Blockaden beseitigen. Und das geschieht, indem
wir die Schattenkräfte verwandeln und integrieren. Zu den Schattenkräften, die wir integrieren
sollen, gehören für Dürckheim die verdrängte
Sexualität und Erotik, das unterdrückte Weibli-
che, die unterdrückte Individualität und das unterdrückte Wesen. Dürckheim spricht von der
"Einheiligung" der Sexualität und Erotik "in das
überweltliche Ganze, das in ihnen anklingt". (Med
75) Der Weg zu unserem Wesen führt über die
Verwandlung unseres Schattens, unserer Sexualität und über die Befreiung der Gestalt, die Gott
uns eingestiftet hat. Der eigentliche Schatten ist
das nicht zugelassene Wesen. "Das Wesen ist der
eigentliche Kern des Menschen, darin er unauf-
hebbar teilhat an der überweltlichen Wirklichkeit
des universalen göttlichen Geistes." (Med 81) Das
Wesen will in unserem Leib erscheinen. Daher ist

die Übung im Leib wichtig, damit der Leib mehr und mehr durchlässig wird für das eigene Wesen. Unser Leib muß verwandelt werden, damit wir zu unserem Wesen, zu unserem wahren Selbst gelangen. Und Dürckheim meint, daß es ohne "Ernstnehmen des Leibes als Medium der Transparenz zum Wesen hin" (Med 122) kein Fortschreiten auf dem initiatischen Weg gibt.

Wenn wir die Gedanken Dürckheims auf die Eucharistie beziehen, so führen sie uns zu einer engen Verbindung von der Wandlung der eucharistischen Gaben mit der Verwandlung unseres Lebens. Die Wandlung der Gaben zeigt nur in aller Deutlichkeit an, worum es auch in unserem Leben geht, daß da Brot und Wein in uns verwandelt werden in Leib und Blut Christi. Eucharistie fordert uns auf, im Bild von Brot und Wein die Wirklichkeit unseres Lebens anzuschauen, unseren Leib, unsere Gefühle und Gedanken, unsere Leidenschaften und Triebe, unsere Sehnsucht und Bedürfnisse, unser Licht und unseren Schatten. Eucharistie verlangt gerade Wandlung unseres Leibes. Unser Leib ist oft genug verschlossen, starr, leblos. Im verkrampften Leib haben wir Gefühle aus unserem Leben ausgeschlossen und damit Leben selber abgeschnitten. Eucharistie meint, daß wir alle Kräfte unseres Leibes verwandeln, daß wir alle verschlossenen Bereiche aufbrechen für das göttliche Leben. So setzt Eucharistie einen Prozeß in Gang, der unser ganzes Leben hin dauert.

Wenn der Priester Brot und Wein in Leib und Blut Christi wandelt, ohne sich selbst zu wandeln, dann bleibt er auf halbem Weg stehen. Und so wäre gerade in der Priesterausbildung mehr Wert auf die innere Wandlung zu legen als auf die äußeren Rubriken. Die eucharistische Wandlung will unsere Bedürfnisse in Sehnsucht nach Gott verwandeln, unsere Probleme in Herausforderungen, uns auf den Weg zu machen, unsere Angst in Vertrauen, unsere Wunden in Quellen des Lebens, unsere Sexualität in Zärtlichkeit und Liebe, unsere Zerrissenheit in Ganzheit, unsere Leidenschaften in kraftvolle Suche nach Gott und unsere Schuld in eine felix culpa, in einen Einfallsort für die Gnade Gottes. Eucharistie will uns Mut machen, uns im Leib zu spüren und zu erkunden, wo unverwandelte Bereiche sind, wo wir Bedürfnisse und Wünsche ausgeschlossen und wo wir die Sexualität verdrängt haben. Und wir sollen uns, wenn wir die verwandelten Gaben von Brot und Wein essen und trinken, von Christus ganz und gar durchdringen lassen, damit alles in uns von seiner Lebendigkeit berührt und angesteckt wird. Verwandelt werden kann aber nur, was angenommen, was angeschaut und Gott hingehalten wird. Wir müssen unsern Leib auf den Altar legen, unsern Leib, der unsere Wahrheit Gott hinhält, unsere verdrängten Gefühle und unterdrückten Triebe, unsere Sehnsucht und unsere Angst. Verwandelt wird unser Leib nur, wenn wir ihn in das Feuer göttlicher Liebe halten, damit der Dornbusch unseres Lebens zum Ort der Herrlichkeit Gottes werden kann. Verwandlung verlangt von uns, daß nichts in uns ausgeschlossen wird. C.G. Jung meint, jeder Mensch habe immer zwei Pole in sich: Liebe und Haß, Disziplin und Disziplinlosigkeit, Angst und Vertrauen, Güte und Härte, Offenheit und Verschlossenheit. Der Weg zur Menschwerdung geht nicht über das Abschneiden eines Poles, sondern um das Zulassen beider Pole, um das rechte Gleichgewicht und um das Verwandeln beider Pole, damit wir auf beiden Seiten für Gott offen werden, auf der Seite unserer Disziplin und unserer Disziplinlosigkeit, unserer Offenheit und unserer Verschlossenheit. Ob wir uns auf einen Menschen einlassen oder ob wir uns abgrenzen, ob wir eindeutig sind in unserem Handeln oder unverbindlich, beides gehört zu uns und beides kann zu einem Einfallstor für Gottes Geist und Gottes Liebe werden. Das meint Wandlung: alles in uns darf sein, aber alles in uns wird Gott hingehalten, damit er es verwandle in Brot und Wein für uns und für andere, damit er es durchdringe mit seinem Geist und seiner Liebe. Erst wenn alles in uns transparent wird für Gott, für sein Leben und seine Herrlichkeit, für seinen Kraft und seine Zärtlichkeit, erst wenn unser Leib zur Monstranz geworden ist, die Christus durchscheinen läßt, erst dann haben wir wirklich Wandlung gefeiert, erst dann ist Eucharistie an ihr Ziel gekommen.

Für Dürckheim vollzieht sich die Verwandlung des Menschen immer im Leib. Ein entscheidender Wandlungsweg ist dabei der Atem, in dem sich der Mensch einübt in das Loslassen seines Welt-Ichs und in das Einswerden mit dem göttlichen Grund. Einen anderen Weg stellen die Gebärden dar. In der reinen Gebärde leuchtet das Wesen auf, da wird der Mensch durchlässig für Gott. Der Wandlungsweg der Eucharistie geht über Riten und Gebärden. Doch damit uns die liturgischen Gebärden verwandeln können, müssen wir ein Gespür für ihr Wesen entwickeln. Romano Guardini wurde nicht müde, von der Heilung und Wandlung des Menschen durch die Gebärden und Riten der Liturgie zu sprechen. Es geht in der Liturgie um "die Gegenwärtigkeit heiligen Geistes in der Leibhaftigkeit des Greifbaren"[18] "Heil ist die Welt, wenn ihr Sein zum Ausdruck für den wird, der sie nach seinem Bild geschaffen hat. Wenn sie .. zum Antlitz wird, zur Gebärde, zum Wort, worin sich Gott offenbart."

(Leseb 125f) Durch die liturgischen Gebärden drückt der Mensch seine Innerlichkeit aus und kommt durch sie in Berührung mit seinem innersten Kern. In der Gebärde "vollzieht sich die erste Verleiblichung der Innerlichkeit" (Leseb 217) Die Verwandlung des Menschen geschieht also gerade im Einlassen auf die Gebärden. Wenn ich die Gaben von Brot und Wein emporhebe und Gott hinhalte, dann verwandelt das mein Leben, dann ist das nicht nur ein äußerlicher Akt, sondern Verwandlung meiner selbst. Ich selber werde in Gott hinein emporgehoben. Doch damit das geschehen kann, müssen wir, wie Guardini immer wieder fordert, liturgiefähig und symbolfähig werden. Wir müssen wieder lernen, mit unserem Leib den Geist auszudrücken, damit der Leib vergeistigt und von Gott durchdrungen und gewandelt werden kann. "Die Haltung des Körpers, Gebärde und Handlung müssen unmittelbar, in sich, religiös werden. Wir müssen lernen, unser Inneres im Äußeren auszudrücken und aus Äußerem das Innere abzulesen. Mit andern Worten: wir müssen wieder symbolfähig werden." (Leseb 221) Die Wandlung der Eucharistie bedeutet für das Liturgieverständnis Guardinis, daß unser Menschsein vom Göttlichen durchdrungen wird, daß unser Leib transparent wird für Gott, daß unser Leben von Gottes Wahrheit und Wirklichkeit durchformt wird.

Wandlung meint aber noch etwas anderes. Die verwandelten Gaben von Brot und Wein weisen darauf hin, daß alles in uns und um uns herum in der Menschwerdung Jesu Christi verwandelt worden ist. Die Menschen, denen ich heute begegnen werde, sind schon im Grunde von Christus berührt und verwandelt. Die Wiesen und Felder, die Blumen und Bäume tragen das Geheimnis Christi in sich. Eucharistie lädt mich ein, nicht nur das Brot und den Wein, den ich in der Kommunion empfange, mit anderen Augen anzusehen, sondern mein ganzes Leben. Wenn ich in die Arbeit gehe, so geschieht da Wandlung. Wenn ich Menschen begegne, so werde ich ihnen nur gerecht, wenn ich ihr Geheimnis beachte, wenn ich Christus in ihnen sehe. Und ich werde den Problemen und Schwierigkeiten meines Lebens nur gerecht, wenn ich Christus auf ihrem Grund sehe. Die Schmerzen meiner Krankheit, meine Ängste, meine Traurigkeit, meine Einsamkeit, die Ablehnung, die ich von andern erfahre, die Mißverständnisse, denen ich ausgesetzt bin, all das ist schon verwandelt, all das ist in der Eucharistie in Christus hineingenommen und von ihm durchdrungen und verwandelt worden. So begegne ich Christus in meiner Krankheit, in meiner Not, in meiner Ausweglosigkeit, in meiner Sinnlosigkeit. Überall ist Wandlung geschehen. Wir feiern die Wandlung der Eucharistie, um überall auf das Geheimnis der Wandlung zu achten, um überall Christus als dem Grund unseres Lebens und dem Urgrund der ganzen Schöpfung zu begegnen.

4. Eucharistie als heiliges Spiel

Der scholastischen Theologie gegenüber, die die Eucharistie in statischen Begriffen als Vermittlung großer Gnaden gesehen hat, hat in der liturgischen Bewegung vor allem Odo Casel mit seiner Mysterientheologie das frühkirchliche Verständnis von Eucharistie wieder neu zum Bewußtsein gebracht. Eucharistie ist Feier der Mysterien Jesu Christi. Und indem wir die Mysterien Christi feiern, haben wir daran Anteil, geschieht an uns und mit uns die ein für allemal im

Kreuzestod Jesu geschehene Erlösung. Casel definiert das Mysterium so: "Das Mysterium ist eine heilige kultische Handlung, in der eine Heilstatsache unter dem Ritus Gegenwart wird; indem die Kultgemeinde diesen Ritus vollzieht, nimmt sie an der Heilstat teil und erwirkt sich dadurch das Heil." (19) Odo Casel bezieht sich auf die Mysterienkulte, die im heidnischen Umfeld der frühen Kirche gefeiert wurden, um den Menschen einzuweihen in die Geheimnisse Gottes und ihm Anteil zu geben am Geschick der Gottheit. Das christliche Mysterium der Eucharistie gibt uns Anteil am Heil Jesu Christi, das in seinem ganzen Leben, von der Geburt bis zu Tod und Auferstehung für uns gewirkt worden ist.

Romano Guardini hat den Mysterienbegriff auf eine andere Ebene gehoben, als er in seiner kleinen Schrift "Vom Geist der Liturgie" ein Kapitel über Liturgie als Spiel geschrieben hat. Guardini zeigt auf, wie die Liturgie ein zweckfreies Tun ist. Sie hat weder erzieherische noch belehrende Absicht. Gegenüber den geistlichen Übungen des hl. Ignatius, in der alles "auf eine bestimmte seelische und erzieherische Wirkung eingestellt" ist, beschreibt er die Liturgie als zweckfreies Spiel: "Die Liturgie schafft eine weite Welt voll reichen geistlichen Lebens und läßt die Seele sich darin bewegen und entfalten." (GL 62) Und er vergleicht die Liturgie mit dem Spiel des Kindes, um aufzuzeigen, daß wir in der Liturgie das Geheimnis unseres Lebens darstellen und uns hineinspielen in die Erlösung, in der uns Gott neue Möglichkeiten des Daseins geschenkt hat: "Im Spiel will das Kind nicht etwas erreichen. Es kennt keinen Zweck. Es will nichts, als seine jungen Kräfte auswirken, sein Leben in der zweckfreien Form der Bewegungen, Worte, Handlungen ausströmen und dadurch wachsen, immer voller es selbst werden...der Sinn ist ..kein anderer, als daß dies junge Leben sich ungehemmt in Gedanken und Worten und Bewegungen und Handlungen offenbare, seines Wesens mächtig werde, daß es einfach da sei... Das ist Spiel: zweckfrei sich ausströmendes, von der eigenen Fülle Besitz ergreifendes Leben, sinnvoll eben in seinem reinen Dasein." (GL 65) Das Spiel der Liturgie ist jedoch durch die Jahrhunderte von festen Regeln geprägt worden, um dem Leben des von Christus erlösten Menschen einen gebührenden Ausdruck zu verleihen. Die Liturgie "hat sich mit unendlicher Sorgfalt, mit all dem Ernst des Kindes und der strengen Gewissenhaftigkeit des großen Künstlers gemüht, in tausend Formen dem heiligen, gottgeborenen Leben der Seele Ausdruck zu schaffen, zu keinem anderen Zweck, als daß sie darin sein und leben könne. Mit ernsten Gesetzen hat sie das heilige Spiel geregelt, das die Seele vor Gott treibt." (GL 68) "Liturgie üben heißt, getragen von der Gnade, geführt von der Kirche, zu einem lebendigen Kunstwerk werden vor Gott, mit keinem andern Zweck, als eben vor Gott zu sein und zu leben; heißt, das Wort des Herrn erfüllen und werden wie die Kinder; einmal verzichten auf das Erwachsensein, das überall zweckhaft handeln will, und sich entschließen, zu spielen, so wie David tat, als er vor der Arche tanzte." (GL 69)

Liturgie ist also Darstellung unseres erlösten Daseins. Wir drücken darin in heiligem Spiel aus, wer wir sind, wer wir geworden sind durch Jesus Christus. Weder erziehen noch belehren, weder bessern noch verändern ist das erste Ziel der Liturgie, sondern darzustellen, wer wir sind, unser Sein als erlöste Menschen auszuspielen. Guardini betont immer wieder den Primat des Seins vor allem Schaffen, der in der Liturgie zum Ausdruck kommt. Wer sich auf die Liturgie einläßt, der muß die Zweckhaftigkeit allen Seins einmal vergessen, er "muß lernen, für Gott Zeit zu verschwenden, Worte und Gedanken und Gebärden für das heilige Spiel zu haben, ohne immer gleich zu fragen: Wozu und warum? Nicht immer etwas tun, etwas erreichen, etwas Nützliches zustande bringen wollen, sondern lernen, in Freiheit und Schönheit und heiliger Heiterkeit vor Gott das gottgeordnete Spiel der Liturgie treiben." (GL 69f) Das ist für Guardini schon jetzt Aufscheinen des ewigen Lebens, das uns Gott geschenkt hat und das sich in der Ewigkeit als heiliges Spiel und ewiger Lobgesang ausdrücken wird. Und das Spiel der Liturgie ist Einübung in die Menschwerdung. Wir spielen uns hinein in das Geheimnis des erlösten, des reifen, des gesunden, des freien, des liebenden Menschen. Spiel ist Weg zu einer neuen Selbsterfahrung. Im Spiel vergesse ich mich selbst, ich identifiziere mich mit dem, was ich spiele, was ich darstelle, und erfahre mich so in einer ganz neuen Weise. Mir hat eine Studentin der Theaterwissenschaft erzählt, sie fühle sich nie so eins mit sich selbst wie im Theaterspielen. In jeder Rolle spielt sie sich selbst und entdeckt sich auf je neue Weise. Wenn wir mit Jugendlichen biblische Szenen spielen, geschieht es oft, daß einer eine Rolle übernimmt, weil er meint, sie sei interessant. Aber dann während des Spieles geht ihm auf einmal auf: das bin ja ich. Er entdeckt im Spielen, wer er eigentlich ist, er entdeckt neue Seiten in sich. So spielen wir uns in der Eucharistie in unsere Erlösung hinein, in das Geschehen von Tod und Auferstehung, in dem uns Jesus einen Weg zu neuem Leben erschlossen hat. Im Spielen können wir erfahren, wer wir durch Jesus Christus geworden sind. Und im Spielen kann es geschehen, daß wir auf einmal ganz frei werden von uns selbst, daß wir uns selbst vergessen und gerade so ganz präsent werden, ganz zu unserem wahren Wesen finden.

Die vielen Riten in der Eucharistiefeier werden nur von diesem heiligen Spiel her verständlich. Man könnte Eucharistie ja auch einfacher feiern, man könnte Weihrauch und Leuchter weglassen. Man könnte sie einfach am Tisch feiern. Natürlich gibt es auch legitimerweise solche einfachen Formen der Eucharistie, etwa in der Hausmesse, in der Gruppenmesse, im Jugendgottesdienst. Aber es ist auch sinnvoll, Eucharistie in der Pracht eines Pontifikalamtes zu feiern. Der Einzug des Priesters und der Ministranten ist nicht Selbstdarstellung, sondern ein Schreiten, in dem wir uns hineingehen in unsere Würde als erlöste Christen. Die Prozessionen sind nicht einfach Gänge, um einen räumlichen Abstand zu überwinden, sie sind Wege in die Erlösung. In der Prozession kann man nicht einfach dahinschlendern. Sie verlangt einen getragenen Schritt, nicht aus reiner Disziplin, weil es so schöner aussieht. Prozession ist eine - wenn auch einfache - Form des heiligen Spieles. Indem ich bewußt aufrecht gehe, erfahre ich das Geheimnis meiner Würde, daß da in mir eine unantastbare Würde ist, die mir niemand zu rauben vermag. Prozessionen sind so ein Spiel unserer Würde, ein Darstellen unserer göttlichen Schönheit.

Weihrauch, sich gegenseitig inzensieren, das alles bräuchte es nicht. Und vor zwanzig Jahren versuchten wir jungen Mönche einen Bildersturm und all das überflüssige Drumherum der Liturgie abzuschaffen. Heute sind wir froh, daß die Älteren uns damals nicht gefolgt sind. Heute freuen wir uns daran, wenn wir das heilige Spiel des Weihrauchs spielen, wenn wir da mit dem Rauchfaß den Altar umschreiten und der Duft des

Weihrauchs die Kirche erfüllt, wenn wir einander beräuchern, um uns zu zeigen: ja in uns ist etwas, das wert ist, beräuchert zu werden, mit wohlriechendem Duft eingehüllt zu werden. In uns ist eine göttliche Würde, wir haben teil an Jesus Christus, an seinem Königtum. Weihrauch hat keinen Zweck. Es ist reine Darstellung unseres Wesens. Aber wir stellen das Geheimnis unserer Erlösung nicht alleine dar, sondern wir spielen es miteinander. Da schwingt einer vor dem andern das Rauchfaß, da verneigt sich einer vor dem andern, jeder vor jedem. Wir spielen verschiedene Rollen, wir verneigen uns, aber ein anderer verneigt sich auch vor uns. In jedem von uns ist Christus, wir helfen einander, an das Geheimnis in uns und im andern zu glauben. Und indem wir die Christusgestalt in uns ausspielen, können wir anders miteinander umgehen. Wenn ich meine eigene Würde entdeckt habe, muß ich die andern nicht entwerten, muß ich sie nicht kleiner machen, um an meine Größe zu glauben, da muß ich nicht mehr die Fehler und Schwächen der andern ausspionieren, um mein Selbstwertgefühl zu erhöhen. Da läßt einer den andern sein, wie er ist, da freuen wir uns einander an unserer gemeinsamen Würde.

Die meisten Riten der Messe sind sehr unscheinbar. Wir verneigen uns, bekreuzigen uns, erheben die Arme, wir grüßen einander, wir klopfen an die Brust. Der Priester erhebt die Gaben von Brot und Wein, er gießt Wasser in den Wein, er bricht das Brot und er legt es in die Hand. Es sind sehr einfache Gesten und Gebärden. Aber wenn wir ganz in den Gebärden sind, dann nehmen sie uns mit in das heilige Geschehen, in das Spiel der Erlösung. Dann sind sie Ausdruck der Seele, Ausdruck unserer Beziehung zu Gott, unserer Liebe und unserer Sehnsucht. Romano Guardini

hat in seinem berühmten Brief an den Liturgischen Kongreß in Mainz im Jahre 1964 soviel
Wert gelegt, das Wesen des liturgischen Aktes zu
verstehen: "Das Eigene dieses Aktes wird am
deutlichsten, wenn es sich um ein Tun handelt,
also zum Beispiel .. den Opfergang. Da bedeutet
es einen spezifischen Unterschied, ob der Gläubi-
ge diesen Gang nur als eine Hinbewegung zum
Zweck versteht, die an sich ebensogut durch den
Kirchendiener mit dem Klingelbeutel vollzogen
werden könnte, oder ob er weiß, daß das Hin-
bringen selbst Gebet ist, Bereitschaft gegen Gott,
Mitvollzug der Gabenbereitung." (Leseb 150)
"Liturgischer Akt realisiert sich schon im Schau-
en. Das bedeutet nicht nur, daß der Gesichtssinn
wahrnimmt, was am Altar geschieht, und der
Wahrnehmende den Text im Buch nachliest,
sondern er ist in sich selbst lebendiger Mitvollzug... Nur von hierher wird der liturgisch-sym-
bolische Vorgang, z.B. die Händewaschung des
Zelebranten, aber schon die einfache liturgische
Geste, etwa das Ausstrecken der Hände über den
Kelch, wesensgerecht aufgefaßt. Also nicht dadurch, daß dazugesagt wird: das bedeutet das und
das, sondern die symbolische Handlung wird
vom Ausübenden als liturgischer Akt getan und
vom Wahrnehmenden in einem analogen Akt
gelesen, der innere Sinn im Äußeren angeschaut.
Sonst ist alles nur Vergeudung von Zeit und Kraft,
und man täte besser, das Gemeinte einfach zu
sagen. Aber Symbol ist in sich selbst etwas Leib-
Geistiges, Ausdruck von Innerem im Äußeren
und muß, damit es seine volle Aussagekraft erhal-
te, mit Ernst und Sammlung vollzogen und im
Schauen mitvollzogen werden." (Leseb 150f)
Guardinis Frage, ob der heutige Mensch noch
liturgiefähig sei, ob er zum liturgischen Akt noch
fähig sei, ist auch heute noch eine Herausforde-

rung, den Sinn für das heilige Spiel, für den Ausdruck des erlösten Menschen in den Gebärden und Gesten der Liturgie wieder neu zu wecken. Sowohl in der Meditationsbewegung wie in vielen Formen des New-Age ist dafür ein neuer Sinn erwacht. Aber gleichzeitig sind Menschen, die für den Ausdruck des Leibes ein Gespür haben, auch sehr sensibel, wenn Liturgie nicht seinsgerecht gefeiert wird, wenn die Gesten nicht mehr Ausdruck der Seele sind, sondern Ausdruck von Zerstreutheit, von Oberflächlichkeit, von mangelndem Leben. Viele Menschen, die ich kenne, finden in der sonntäglichen Eucharistiefeier nichts von dem wieder, was ich hier dargelegt habe. Die Feier geht an ihnen vorüber. Da ist nichts mehr von Mahl und Gemeinschaft zu spüren, da kommt nichts rüber von unserer unantastbaren Würde, von der Freude über unsere Erlösung, über die neue Sicht unseres Lebens. So müßten wir heute wieder neu überlegen, welche Formen uns helfen könnten, Eucharistie so zu feiern, daß sie unser Leben verwandelt, daß wir uns da hineinspielen in die Freiheit und Freude der Kinder Gottes. Dabei ginge es sicher nicht nur um neue Formen, sondern auch um ein neues Verständnis der alten Formen, die für viele keine Bedeutung mehr haben. Der einfache Ritus des Brotbrechens könnte uns zeigen, daß Christus sich für uns aufbricht, daß er sich für uns öffnet, damit wir alle Anteil haben an ihm. Wir brechen das Brot als Zeichen dafür, daß Christus sich im Tod für uns zerbrechen ließ, damit wir nicht zerbrechen an unserem Leben. Wir brechen das Brot als Erinnerung daran, daß Christus sich für uns aufbrach, um das Zerbrochene und Zerrissene in uns zu verbinden und zu heilen, und als Zeichen, daß auch wir bereit sind, uns füreinander aufzubrechen und einander Anteil an unserem Leben zu schenken. Aber um das erfahren zu können, muß der Ritus auch deutlich werden und darf sich nicht nur auf das Brechen der Priesterhostie beschränken. Wenn der Priester bei der Gabenbereitung Wasser in den Wein gießt, so drückt das aus, daß unser Leben sich mit dem göttlichen Leben Jesu Christi verbindet, daß wir teilhaben dürfen "an der Gottheit Christi, der unsere Menschennatur angenommen hat". (Gebet der Messe) Und wenn er vor der Kommunion ein Stück Hostie in den Kelch gibt, dann ist das nicht nur Zeichen, daß in der Kommunion Gott und Mensch miteinander vermischt werden, sondern auch, daß wir in der Kommunion Gemeinschaft erfahren mit allen, die irgendwo auf der Erde Eucharistie feiern. An vielen gehen diese Riten einfach vorbei, einmal weil sie sie nicht mehr verstehen, zum andern, weil sie nicht deutlich genug ausdrücken, was sie meinen. Wir müßten heute wieder lernen, die Riten so zu vollziehen, daß die Menschen ihr Leben darin ausgedrückt finden, und wir bräuchten Phantasie, um Riten und Formen zu entwickeln, in denen wir uns hineinspielen können in das Geheimnis unserer erlösten Existenz.

Wenn wir die Eucharistie als heiliges Spiel verstehen, dann könnten wir das Evangelium als Drehbuch sehen, das dann in der Eucharistie dargestellt wird. Freilich wird es in einem sehr ritualisierten Spiel ausagiert. Wir dürfen Wortgottesdienst und Abendmahl nicht zu sehr auseinanderreißen. Im Mahl wird Wirklichkeit, was im Evangelium verkündet wird. Das Evangelium berichtet nicht Vergangenes, sondern es wird uns als frohe Botschaft verkündet, die uns heute gilt, die uns heute das Heil vermitteln will. Es kündet von Jesus Christus, der in Palästina vor 2000 Jahren gelebt hat, der aber jetzt als der Erhöhte genauso unter uns lebt, und der an uns genauso handelt wie an den Menschen, denen er damals begegnet ist. Wenn wir die Eucharistie als Darstellung und Spiel des Evangeliums verstehen, dann wird sie nie langweilig, dann bekommt der immer gleiche Ritus eine jeweils andere Färbung. Und dann geht es immer um uns und unser Leben. Wir spielen uns in immer neue Möglichkeiten unseres Lebens hinein, wir stellen im Laufe des Kirchenjahres die verschiedenen Seiten unseres beschädigten und verwundeten Lebens dar und erfahren die Heilung des ganzen Menschen.

Bei den Heilungsgeschichten ist es am einleuchtendsten, daß sie in der Eucharistie an uns geschehen. Wir kommen zur Eucharistie jeweils in einer ähnlichen Situation wie die Kranken des Evangeliums. Manchmal fühlen wir uns aussätzig, unrein, unannehmbar, unausstehlich. In der Kommunion gehen wir wie der Aussätzige (Mk 1,40) auf Jesus zu. Und indem der Priester uns die Hostie in die Hand legt, berührt uns Jesus und sagt zu uns: "Ich will es - werde rein!" Kommunion ist nicht nur Essen und Trinken von Christi Leib und Blut, sondern personale Begegnung mit Jesus Christus, der mir in der Kommunion als der begegnet, der im Evangelium verkündet worden ist. Wenn ich die Kommunion unter dem Bild der Aussätzigenheilung empfange, dann kann in mir eine Ahnung hochkommen, was es heißt: ganz und gar von Gott angenommen zu werden, obwohl ich mir selbst als unannehmbar erscheine. Ich muß mich dann nicht krampfhaft bemühen, ja zu sagen zu mir selbst. Ich brauche nur nachzuvollziehen, was Christus an mir tut. Dann kann es mir genauso gehen wie dem Aussätzigen im Evangelium. Kommunion ist dann nicht Belohnung für die Sündenreinen, sondern Heilung der Kranken. Wir dürfen in jeder Situation zu Christus kommen, wir müssen uns nur so, wie wir sind, ehrlich ihm hinhalten, damit er uns durch sein Fleisch und sein Blut heile.

Wenn die Heilung des Gelähmten verlesen wird (Mk 2,1-10), dann sind wir es, die von andern Menschen - von Menschen, die uns in unserem Leben begleiten und so stützen - vor Jesus getragen werden. Und die Hostie ist dann die fleischgewordene Zusage Jesu: "Ich sage dir: Steh auf, nimm deine Tragbahre, und geh nach Hause!" Die Begegnung mit Jesus Christus entläßt mich mit dem Vertrauen nach Hause, daß ich mich nicht mehr von der Lähmung, von der Hemmung, von der Unsicherheit ans Bett fesseln lasse, sondern die Unsicherheit unter den Arm nehme und spazierentrage. Oder wir sind der Mann mit der verdorrten Hand. (Mk 3,1-6) Wir haben uns angepaßt, aus Angst, Zuwendung und Liebe zu verlieren. Wir sind brav und haben unser Leben reduziert auf Wohlverhalten. In der Eucharistie ruft uns Jesus heraus aus dem Platz in der Kirche, wo wir uns vielleicht in der Bank verstecken. Wir müssen vortreten vor allen Leuten. Die andern können uns sehen. Und Jesus ruft uns zu: "Streck deine Hand aus!" Wir halten sie ihm hin und er legt sich selbst in unsere Hand. Er schreibt sich in unsere Hand, damit wir sie ausstrecken, damit wir Mut finden, unser Leben in die Hand zu nehmen, etwas zu wagen, Berührung zuzulassen. Der Leib Christi, den wir in der Hand halten, ist die fleischgewordene Zusage, daß wir unser Leben wagen dürfen. Wir könnten uns fragen, was da in unserer Hand kribbelt, was da in uns aufbrechen möchte, worauf wir Lust haben, welche Phantasien da in uns aufsteigen, unserem Leben eine neue Form zu geben.

Die Heilungsgeschichten zeigen uns, daß wir nicht als perfekte Menschen zur Kommunion gehen müssen, sondern daß wir mit unseren Krankheiten und Schwächen, mit unseren Fehlern und Sünden auf Jesus zugehen dürfen. Wir müssen nicht in Hochform sein, wir dürfen sein, wie wir sind. Und als solche halten wir uns Jesus hin. Wir sind vielleicht wie der Besessene von Gerasa, der hin- und hergezerrt wird von seinen Leidenschaften und Aggressionen, von seinen Wünschen und Bedürfnissen, der sich selbst wehtut, indem er sich mit Steinen schlägt, und der sich isoliert in die Grabhöhlen zurückgezogen hat. (Mk 5,1-20) Und in der Kommunion fragt uns Jesus, wenn wir ihm unsere Hand hinhalten: Wer bist du? Wie heißt du? Und er gibt uns selbst die Antwort: Mein Leib für dich, das ist dein Wesen, das bist du. Und weil er an uns glaubt, weil er durch unsere Zerrissenheit hindurchsieht auf unsern Kern, auf die Person, deshalb können die Wirrgeister aus uns herausfahren und wir werden wieder ganz.

Die blutflüssige Frau, die sich völlig verausgabt hat, nur um Zuwendung zu bekommen, die immer schwächer geworden ist, weil sie doch nicht wirkliche Liebe erfahren hat, der es immer schlechter geht, obwohl sie ihr ganzes Vermögen hergegeben hat, spürt bei Jesus, daß da etwas zwischen ihr und ihm strömt. Aber Jesus gibt sich nicht damit zufrieden, daß da nur eine Beziehung gewachsen und Vertrauen entstanden ist, er verlangt, daß sie vor allen bezeugt, was an ihr geschehen ist. Sie muß ihre ganze Wahrheit sagen, erst dann ist sie nicht nur von den Symptomen, sondern in ihrem Wesen geheilt. In der Kommunion halten wir in der offenen Hand unsere ganze Wahrheit hin. Wer in der Hand zu lesen vermag, der kann daraus die Wahrheit eines Menschen erkennen. Wir halten unsere Hand hin und mit ihr unsere Wahrheit, unsere tiefste Sehnsucht, unsere Irrwege, unsere Leere, unser Ausgepumptsein. Und Jesus gibt uns in seinem Leib die Zusage: "Meine

Tochter, dein Glaube hat dir geholfen. Geh in Frieden! Du sollst von deinem Leiden geheilt sein." (Mk 5,34)

Den Taubstummen nimmt Jesus beiseite, um ihm eine Sonderbehandlung zukommen zu lassen. (Mk 7,31-37) Er legt ihm die Finger in die Ohren und berührt seine Zunge mit Speichel. Er vermittelt erst eine Atmosphäre von Zärtlichkeit und Mütterlichkeit, von Geborgenheit und Liebe, damit die Zunge sich lösen und die Ohren sich öffnen können. In der Kommunion essen wir im Leib Jesu Christi seine Liebe und Güte. Da berührt uns Jesus gleichsam mit seinem Speichel. Da schafft er eine Atmosphäre von Geborgenheit und Liebe, so daß unsere Zunge sich lösen kann. Wir müssen nur zulassen, was Jesus an uns tut. Dann fesselt nicht mehr die Angst vor Ablehnung und Kritik unsere Zunge, sondern die Liebe Jesu löst sie. Auch dem Blinden bestreicht Jesus die Augen mit Speichel. (Mk 8,22-26) Wir sind oft genug blind, wir wollen unsere eigene Wahrheit nicht anschauen, wir verschließen die Augen vor unserem Schatten, vor den negativen Seiten in uns. Wir halten aber auch die Augen zu, wenn es gilt, die Welt zu sehen, wie sie ist, die Mitmenschen um uns wahrzunehmen in ihrer Not, in ihrer Sehnsucht. In der Kommunion berührt uns Jesus zärtlich, damit wir den Mut bekommen, der Wahrheit ins Auge zu sehen, der eigenen Wahrheit, der Wahrheit unserer Mitmenschen und der Wahrheit der ganzen Welt. Das Kind getraut sich, auf den Armen der Mutter die Augen zu öffnen, wenn es sie aus Angst zugedrückt hat. In der Gemeinschaft mit Jesus Christus können wir auch wieder den Mut finden, uns und unsere Mitmenschen anzuschauen und auf den Grund zu sehen.

Vielleicht kommen wir auch wie die gekrümmte Frau zur Eucharistie. (Lk 13,10-17) Das Leben hat uns gebeugt, die Arbeit drückt uns nieder, wir lassen uns hängen aus Enttäuschung. Oder jemand unterdrückt uns oder hat uns das Rückgrat gebrochen. So kommen wir zu Jesus, der uns zu sich ruft und das Positive in uns anspricht: "Du bist von deinem Leiden erlöst." Dann berührt er uns mit seinen Händen, um uns darauf hinzuweisen, daß es gut ist, so wie es ist, daß wir sein dürfen, wie wir sind. Und diese absolute Annahme, die bedingungslose Daseinsberechtigung richtet uns auf. Sie zeigt uns unsere unantastbare Würde. Jesu Berührung, Jesu Zusage befreit uns von der Macht der Menschen, die uns niederdrücken wollen. Wenn wir das Geheimnis dieser Geschichte verstanden haben, dann müßten wir aufrechter von der Kommunion zurückgehen, dann müßten wir spüren, daß wir königliche Menschen sind, daß in uns eine unantastbare Würde ist, daß Jesus Christus selber in uns ist, der uns aufrichtet und uns leben läßt.

Aber nicht nur die Heilungsgeschichten sind das Drehbuch, das wir in der Eucharistie spielen, sondern alle Evangelien. Die Begegnungsgeschichten werden in der Kommunion Wirklichkeit. Da begegne ich dem, der mich liebend anschaut, mich aber zugleich herausfordert (Mk 10,17ff). Da steigt Jesus in mein Boot und ich darf vertrauen, daß ich zusammen mit ihm ruhig durch die Stürme und Wogen meines Lebens fahren darf (Mt 14,22-33). Auch die Gleichnisse sind Bilder, die uns das Geheimnis der Eucharistie neu erschließen. Wenn wir unter dem Bild eines Gleichnisses Eucharistie feiern, dann bekommt sie jeweils eine neue Dimension. Da gehen wir wie die 10 Jungfrauen Christus entgegen, der mit uns Hochzeit hält. Und die Frage ist, ob wir mit seinem Kommen rechnen und es in Sehnsucht erwarten. (Mt 25,1-13) Da begegnen wir dem Herrn, der Rechenschaft über unser Leben verlangt. (Mt 25,14-30) Was haben wir mit dem Vermögen gemacht, das uns Gott anvertraut hat? In den Talenten hat Gott uns von seinem Vermögen, von seinem Leben, von seinen Möglichkeiten etwas mitgeteilt. Vergraben wir es aus Angst, etwas zu verlieren? Oder leben wir damit im Vertrauen, daß Gott unser Leben reich beschenkt? Die Begegnung mit Christus in der Kommunion will uns zu einem Leben ermuntern, das aus dem Vertrauen lebt und nicht aus Angst, das es aufgibt, sich mit andern zu vergleichen. Anstatt auf die andern zu sehen, sollten wir unsern Blick allein auf den gütigen Herrn richten. Das macht unser Leben reich.

In der Kommunion geht Jesus als der barmherzige Samariter auf uns zu, die wir ausgeplündert und verwundet am Wegrand liegen, allein gelassen und von andern übersehen. (Lk 10,30-35) Er sieht uns voll Mitleid und gießt Öl und Wein in unsere Wunden, das bedeutet für die Kirchenväter, er berührt uns mit seinem Leib und seinem Blut. Er nimmt uns auf sein Lasttier, er lädt uns auf seinen Leib und trägt uns nun hin zur Herberge, in den Raum des Vaters, damit wir dort ausheilen. Die Geschichte dieses Gleichnisses geschieht an uns in der Eucharistie, so wie alle Erzählungen der Evangelien an uns Wirklichkeit werden. Das gilt auch für die Wortüberlieferungen. Wir essen in der Kommunion das fleischgewordene Wort und assimilieren es auf diese Weise. Vielleicht haben wir beim Hören des Evangeliums manche Worte Jesu als unverdaulich empfunden, oder andere als überfordernd und beängstigend. In der Kommunion essen wir nun dieses Wort. Wir analysieren es nicht mit dem Verstand, sondern wir werden mit der Wahrheit des Wortes eins, wir kommen an die Essenz heran. Und vielleicht geht es uns wie dem Propheten Ezechiel, der die Buchrolle essen mußte: "Ich aß sie, und sie wurde in meinem Mund süß wie Honig." (Ez 3,3) So werden wir in der Kommunion eins mit dem Wort Gottes, in dem uns die Wahrheit Gottes nicht nur aufleuchtet, sondern uns mit dem Geschmack des wahren Lebens durchdringt. In der Kommunion dürfen wir Gott in Form von Brot und Wein genießen, damit wir uns an ihm für immer erfreuen.

Die Bilder, mit denen wir Eucharistie feiern, können uns den Reichtum des Geschehens erschließen. Es ist dann nicht immer der gleiche Ritus, über dessen Eintönigkeit sich soviele Jugendliche beschweren. Nach außen hin läuft die Feier zwar mehr oder weniger gleich ab. Aber je nach dem Bild, das uns das Evangelium malt, erleben wir die Eucharistie immer wieder anders. Im Bild leuchtet die Wahrheit Gottes und die Wirklichkeit unserer Erlösung auf. Aber im Bild kommen wir auch in Berührung mit unserem eigenen Wesen. Die Bilder der Bibel ermöglichen es uns, uns anzuschauen mit unseren Schattenseiten, mit unseren Krankheiten, mit unseren Hemmungen, mit unserer Einsamkeit und Verlassenheit, mit unserer Angst und Verzweiflung, mit unserem Haß und unserer Enttäuschung. Und die Bilder zeigen uns auch unsere Lichtseiten, sie führen uns vor Augen, wie uns die Erlösung verwandelt und befreit, aufrichtet und lebendig macht. Wenn wir die Eucharistie immer wieder unter dem Bild des Evangeliums oder des jeweiligen Festes feiern, wird sie uns nach und nach den Reichtum der Erlösung erfahren lassen. Wir werden mehr und mehr spüren, was das Geheimnis unserer erlösten und verwandelten Existenz ist. Die Bilder ermöglichen es uns, das Geheimnis dessen zu verstehen, was wir da feiern. Ohne

Bilder wird das, was wir tun, leer und bedeutungslos. Erst die Bilder erschließen uns die Bedeutung unseres Handelns. Politik ohne Bilder wird blaß und farblos. Liturgie ohne Bilder wird zum leeren Ritual. Die Bilder von Erlösung, die uns die Bibel vor Augen führt, lassen die Feier der Eucharistie erst zu dem werden, was sie ist, zur Feier eines geglückten Lebens, zur Feier gelungener Menschwerdung, zur Feier unserer Freiheit und Freude, zur Feier unserer Würde und unserer Verwandlung durch Jesus Christus.

5. Feier von Tod und Auferstehung

In der Eucharistie feiern wir Tod und Auferstehung Jesu Christi, bis er kommt in Herrlichkeit. In der Eucharistie reichen wir durch die Feier von Tod und Auferstehung Jesu schon hinein in das ewige Leben. Unsere Welt wird aufgebrochen, das Tote und Starre wird zum Ort der Auferstehung, in der Gottes ewiges Leben in unsere Welt einbricht. Wir leben schon jenseits der Schwelle. Tod und Auferstehung Jesu verwandeln unsere Welt. Alles, was in uns starr und tot ist, wird zum Ort der Auferstehung, zum Ort des göttlichen Lebens. Mitten in der Eintönigkeit und Enge unseres Alltags erscheint das grenzenlose und freie Leben der Auferstehung. Einsamkeit und Verlassenheit, Verzweiflung und Scheitern, Krankheit und Tod, alles wird zum Ort des göttlichen Lebens. Die Auferstehung Christi führt uns heraus aus dem Grab unserer Angst und Traurigkeit, sie befreit uns von den Fesseln des Todes, sie wälzt den Stein von unserem Grab, den Stein, der uns blockiert und uns nicht leben läßt. Tod und Auferstehung verwandeln unser Leben und deuten es zugleich um. Überall in den Toden unseres Daseins entdecken wir das göttliche Leben des Auferstandenen.

Drei Aspekte von Selbstwerdung sind mir beim Verständnis von Eucharistie als Feier von Tod und Auferstehung wichtig. Einmal ist die Eucharistiefeier Einübung in das Sterben. Sie ist eine Art ars moriendi. Sie weist uns ein in das Geheimnis unseres Todes. Wir nehmen in der Feier von Tod und Auferstehung den eigenen Tod voraus und sagen so ja zu unserem Sterben. Die Bejahung des eigenen Todes ist die Voraussetzung für erfülltes Leben. So meint C.G. Jung, daß von der Lebensmitte an nur der lebendig bleibt, "der mit dem Leben sterben will." Die Angst vor dem Sterben ist oft identisch mit der Angst vor dem Leben. "Ich habe die Erfahrung gemacht, daß gerade jene jungen Leute, welche das Leben fürchten, später ebensosehr an Todesangst leiden."[20] Die Angst vor dem Tod ist letztlich immer die Weigerung, zu leben. Wenn wir uns in der Feier des Todes Jesu in das eigene Sterben einüben, so ist das zugleich eine Einübung in das Leben. Der Durchgang durch den Tod ist nach Erich Neumann ein Wesensmerkmal für den Ritus, der uns zum wahren Leben hin wandelt. "Damit etwas Lebendes verstärkt, etwas Altes neu, etwas Neues wirklich werden soll, muß es den Durchgang durch das Reich des Todes vollzogen haben, welches das Quellreich allen Lebens ist." Der Weg zum wahren Leben führt immer zum geheimnisvollen Ort, "der todbringendes Leben und lebenbringender Tod ist. Darum führt alle Einweihung zum Vertrautsein mit dem transpersonalen Ort, der Tod und Leben in sich vereint."[21] So bestätigt die Feier von Tod und Auferstehung den Satz des Novalis "Durch den Tod wird das Leben verstärkt."

Nur wenn wir bereit sind zu sterben, können wir das Leben genießen, können wir ganz im Augenblick leben. Wer am Leben festhält, verkrampft sich und hat Angst vor allem, was ihm das Leben nehmen kann. Die Einübung in den Tod befreit uns von dieser Angst. Ein alter Mönchsvater wurde einmal gefragt, warum er nie Angst habe. Er meinte, weil er sich täglich den Tod vor Augen halte. Sich den Tod vor Augen halten, war im Mönchtum eine entscheidende Übung des geistlichen Lebens. Sie hatte den Zweck, angstfrei und bewußt leben zu lernen.

Heute finden wir die Auseinandersetzung mit dem Tod und das Einüben in das Sterben eher in psychologischen und medizinischen Kreisen als in der Kirche. Die Schweizer Ärztin Kübler-Roß und mit ihr viele andere Psychologen und Ärzte – vor allem in Amerika – haben in der Begleitung Sterbender die Phasen des Abschiednehmens im Tod beschrieben. [22] Und sie haben Wege aufgezeigt, wie wir uns dem eigenen Tod stellen können.

Ihre Erfahrung zeigt, daß Menschen, die ihr Sterben bejahen, innerlich frei werden und einen tiefen Frieden ausstrahlen. Sie haben keine Angst mehr vor dem Tod und können so ganz bewußt und froh jeden Tag erleben. Sie spüren, daß es ein großes Geheimnis ist, zu leben, zu atmen, zu fühlen. Und sie tun es bewußt, weil sie ihr Leben als kostbares Geschenk erfahren haben. Menschen, die sog. Nah-Todeserlebnisse hatten, haben keine Angst mehr vor dem Tod. Sie haben zugleich das Gespür, daß jeder Augenblick ein einmaliges Geschenk ist, das sie nicht vergeuden wollen, indem sie unbewußt dahinleben. So ist gerade die Annahme des eigenen Todes ein Weg zu einem bewußten und intensiven Leben, zu einem Leben ohne Angst und ohne Hast, zur Freude am Augenblick, zum Gespür für das Geheimnis des Augenblicks.

Der zweite Aspekt an der Feier von Tod und Auferstehung bezieht sich auf die Gemeinschaft mit den Toten. Eucharistie verbindet uns mit allen Menschen, die uns im Tod vorausgegangen sind. Wir haben teil an der himmlischen Liturgie, die seit Ewigkeiten vor Gott gefeiert wird. Wir tauchen ein in den ewigen Lobgesang der Engel. Der Himmel tut sich auf und läßt uns einen Blick tun in eine andere Welt, in die Welt jenseits des Todes. Wir treten in der Eucharistie schon über die Schwelle des Todes und haben teil an den Menschen, die jenseits der Schwelle leben. Die Toten sind nicht einfach der Welt entschwunden, sondern sie sind bei Gott. Und das Totenmahl der Eucharistie schenkt uns auch Gemeinschaft mit ihnen. So reicht unser Leben über die engen Grenzen unserer persönlichen Biographie hinaus. Wir haben teil an den Heiligen, die gemeinsam mit uns die Erlösung in Christus feiern. Und wir treten in Verbindung mit all den Toten, die wir gekannt haben. So überschreiten wir in der Eucharistie die Grenze unserer irdischen Existenz und haben teil am Leben derer, die vollendet sind. Der Raum, in dem wir Eucharistie feiern, ist durchwohnt von all den Toten, die wir gekannt haben. Gemeinschaft mit den Toten verlangt jedoch, daß wir sie nicht in unserer Erinnerung festhalten, sondern sie in Gott hinein loslassen. Sie begegnen uns in der Eucharistie als die, die die Wahrheit ihres Lebens erkannt haben und die uns nun darauf hinweisen, was sie mit ihrem Leben eigentlich gemeint haben.

In der Gemeinschaft der Toten, die bei Gott daheim sind, reicht die ewige Heimat hinein in unsere Fremde. Das nimmt uns die Angst vor dem Tod und macht uns vertraut mit der Welt jenseits des Todes. Erst wenn unser Leben bis in den Raum jenseits der Schwelle des Todes hineinreicht, ist es ganz geworden. Erst dann hat es die Gebrochenheit überwunden, die ihm der Tod gebracht hat. Erst dann ist es ein Leben geworden, das für immer gerettet ist in Gott hinein. Zur Selbstwerdung gehört, daß wir die Kluft überbrücken, die zwischen Leben und Tod steht, zwischen Lebenden und Toten. Im Tod wird unser Leben endgültig und es wird hineingehoben in Gott. Der eigentliche Ertrag unseres Lebens wird im Tod in die Ewigkeit gerettet und der Vergänglichkeit entrissen. In der Eucharistie haben wir teil an der Vergangenheit, an dem, was Menschen vor uns verwirklicht haben an göttlichen Möglichkeiten, und zugleich an der Zukunft Gottes, auf die sie uns verweisen. So werden Gegenwart, Vergangenheit und Zukunft eins in unserer gemeinsamen Feier. Das Eigentliche, Ewige unseres Lebens wird sichtbar, wir stoßen vor zu unserem wahren Selbst, das Vergangenes und Zukünftiges im Augenblick miteinander vereint.

Der dritte Aspekt der Selbstwerdung ist die Einübung in das ewige Leben. Ewiges Leben ist nicht in erster Linie das Leben nach dem Tod, sondern ein Leben, das eine neue Qualität bekommen hat, das ewig geworden ist, weil es unzerstörbar ist und die Zeit aufhebt. Ewiges Leben ist reine Präsenz, bewußtes Leben im Augenblick, von Gott durchdrungenes, von der Liebe erfülltes Leben. Für das Johannesevangelium ist ewiges Leben nicht einfach bios, sondern zoe, das meint Lebendigkeit, Lebensqualität, Lust am Leben, Leben in Fülle. In dieses Leben in Fülle will uns die Feier von Tod und Auferstehung Jesu einüben. Der Evangelist Johannes hat in seinem ganzen Evangelium entfaltet, was ewiges Leben bedeutet und wie es von uns erfahren werden kann. Ich möchte nur drei Bilder herausgreifen, mit denen Johannes das ewige Leben beschreibt und in denen zugleich das Geheimnis der Eucharistie als Feier des Lebens aufscheint.

Da ist einmal die Auferweckung des Lazarus. Was Johannes von Lazarus schreibt, das geschieht in jeder Eucharistiefeier an uns. Wir sind wie Lazarus abgeschnitten vom Leben, abgeschnitten von der Beziehung zu Gott und zu den Menschen. Ein Stein liegt vor unserem Grab und trennt uns von Gott und daher vom Leben. Hinter dem Stein kann es nur Verwesung geben, da bekommt alles einen schlechten Geruch, da modert alles vor sich hin. Und wir sind gebunden am ganzen Leib, unsere Wünsche und Bedürfnisse fesseln uns, unsere Ängste und Leidenschaften, andere Menschen halten uns fest. Unser Gesicht ist mit einem Schweißtuch bedeckt. Wir verstekken uns hinter einer Maske, das wahre Gesicht dringt nicht durch. Das ewige Leben, das Christus uns schenkt, durchdringt Stein und Binden, durchdringt das Tote und Vermoderte in uns. In der Kommunion ruft uns Jesus mit unserem Namen: "Lazarus, komm heraus!" Das Wort Jesu reicht bis in unser Grab, es trifft unser Herz und ruft uns aus unserer Starre heraus. In seinem göttlichen Fleisch, das er uns in der Kommunion reicht, senkt er den Samen der Unverweslichkeit in unsere Beziehungslosigkeit, in unsere Vergänglichkeit und Sterblichkeit. Er bringt uns wieder in Beziehung zu Gott und zu den Menschen. So können wir die Fesseln abwerfen und die Maske vom Gesicht abnehmen. Wir haben teil am ewigen Leben Gottes. Auch der Tod kann uns nicht mehr von der Beziehung zu Gott abschneiden. Die Stimme dessen, der sich uns in seinem Fleisch und Blut schenkt, durchdringt jeden Stein, jede Fessel und jedes Schweißtuch. Das Wort der Liebe dringt bis in unser Grab, bis in unsere

Einsamkeit und Trostlosigkeit, bis in unsere Dunkelheit und Verzweiflung. Ewiges Leben heißt, in immerwährender Beziehung zu Gott leben, in allem von Jesus angesprochen zu sein und frei von allen Fesseln den Weg gehen, den Gott uns heißt.

Das zweite Bild ist die Fußwaschung. In der Fußwaschung beschreibt Johannes das Geheimnis der Eucharistie. Er bringt sie an der Stelle, an der die Synoptiker die Einsetzung des Abendmahles berichten. In der Eucharistie beugt sich Jesus zu uns herab und wäscht uns die Füße. Die Füße sind ein Bild für unsere Verwundbarkeit. Sagen erzählen uns von der Achillesferse, von der schwachen Stelle, an der man uns verwunden, an der uns eine Schlange beißen kann. Mit den Füßen berühren wir die Erde, machen wir uns schmutzig auf unserem Weg durch diese Welt. In den Träumen sind die Füße oft auch ein Symbol für die Sexualität. Wenn Jesus uns in der Eucharistie die Füße wäscht, dann ist das mehr als ein Liebesdienst, dann will er uns damit zeigen, was er in der Passion an uns getan hat, was das Geheimnis des Kreuzes ist. Im Kreuzestod beugt sich Jesus zu uns herab, zu unserer verwundbaren Stelle, zu unserer Achillesferse, zu unserem Schmutz, zu unserer Erdhaftigkeit, zu unserer Leidenschaftlichkeit, zu uns mit unseren Trieben und Bedürfnissen. Er wäscht uns die Füße, er reinigt uns in seinem Tod von aller Schuld. So können wir als Menschen mit Leib und Seele eintreten in das Reich Gottes. So haben wir als ganze teil an seinem göttlichen Leben. Fußwaschung ist ein Bild für die Erlösung durch das Kreuz, aber auch für das Geheimnis der Eucharistie. Wenn uns Christus seinen Leib in die Hand legt, dann berührt er uns an unserer verwundbaren Stelle und heilt uns gerade dort, wo wir uns hilflos und ohnmächtig fühlen. Dann wäscht er uns rein, er läßt uns gelten, wie wir sind. Wir dürfen mit unseren Füßen eintreten in seine Herrlichkeit, in sein ewiges Licht, wir haben teil an seinem ewigen Leben.

Als drittes Bild für das ewige Leben, das uns die Eucharistie schenkt, möchte ich die Erscheinung des Auferstandenen am See von Tiberias nehmen. Die Jünger sind wieder in ihrer Heimat, es ist Alltag für sie, sie arbeiten wieder und fischen die ganze Nacht, aber vergebens. Am grauen Morgen kommen sie wieder ans Ufer, enttäuscht und müde über die Ergebnislosigkeit ihres Tuns. Da steht Jesus am andern Ufer. Von jenseits tritt er in der Eucharistiefeier in unsere Mitte. Er kommt aus einer andern Welt und möchte Licht in unsern grauen Morgen bringen. Jesus spricht die Jünger an. Das Wort der Liebe greift über den Tod hinaus. Das Wort, das Jesus uns in der Eucharistie sagt, wird uns auch am andern, am jenseitigen Ufer erwarten, es wird uns auch im Tod ansprechen. Sein Wort ist ein todüberwindendes Wort, ein Wort der Liebe. Lieben, so sagt Gabriel Marcel, heißt sagen: "Du, du wirst nicht sterben." In der Begegnung des Auferstandenen mit Maria Magdalena ist dieses Wort der Liebe, das uns über den Tod hinaus erreicht, unser Name. Jesus spricht Maria mit ihrem Namen an. In diesem Namen klingt die Liebe durch, mit der Jesus Maria umfing. Und dieses Wort der Liebe läßt sie erkennen: Es ist mein Meister. Und sie antwortet mit ihrer sehnsüchtigen Liebe: Rabbuni, mein Meister. Darin besteht Auferstehung: daß das Wort der Liebe uns hier und im Tod erreicht und anspricht und in uns eine Liebe weckt, die nicht mehr sterben kann, daß das Wort über den Tod hinaus gilt, ein Wort der Liebe, das uns zum Leben weckt und in uns eine Liebe wachruft, die niemals vergeht. Auf Jesu Befehl hin werfen die Jünger ihre Netze nochmals auf, nun auf der rechten, der richtigen, der bewußten Seite. Und ihr Tun hat Erfolg. Sie fangen 153 große Fische. Die Zahl ist ein Bild für die Einheit der Gegensätze. 100 ist das Quadrat, 28 das Dreieck und 25 die Kugel.[23] Was sonst unvereinbare Gegensätze sind, das wird durch die Begegnung mit dem Auferstandenen zu einer Einheit. Alles in uns wird rund, ganz, miteinander versöhnt. Jetzt erkennt Johannes, der Lieblingsjünger, daß es Jesus ist, der da am Ufer steht. Und Jesus lädt sie ein zu einem einfachen Frühstück. Er gibt ihnen Brot und Fisch. Dieses Frühmahl am grauen Morgen, am andern Ufer, ist ein Bild für die Eucharistie. Jesus tritt in unseren Alltag, er kommt uns vom Ufer aus entgegen, aus dem Licht, aus dem Himmel. Wir kommen aus der Nacht, aus dem Meer des Unbewußten, aus den Wellen und Wogen unseres Lebens. Und er steht schon da, um uns vom Himmel her einzuladen zu dem Mahl, in dem er uns das Brot des ewigen Lebens reicht und den Fisch als Bild der Unsterblichkeit. Er bringt Licht in unsern grauen Morgen, er läßt etwas von der Ewigkeit aufleuchten mitten in unserem Alltag. Es ist eine eigenartige Atmosphäre, die dieses frühe Mahl auszeichnet. "Keiner von den Jüngern wagte ihn zu fragen: Wer bist du? Denn sie wußten, daß es der Herr war." (Joh 21,12) Nicht nur in der Eucharistiefeier können wir mit Johannes sagen: "Es ist der Herr." (Joh 21,7) Die Feier will vielmehr unsern Blick auf alle Orte und Augenblicke unseres Lebens lenken. Überall können wir sagen: Es ist der Herr. Die Eucharistie verklärt alles. Immer und an allen Orten ist der Herr selbst da. Das ist die eigentliche Wirklichkeit unseres Lebens. Das ist das ewige Leben. Er selbst, der Auferstandene, der den Tod überwunden hat, er ist bei uns. Das bringt Leben in den grauen Morgen, Licht in die Dunkelheit, Frieden in den Sturm, Hoffnung in die Vergeblichkeit und Liebe in die Kälte. Und es entsteht jene sonderbare Atmosphäre, daß wir gar nicht zu fragen brauchen, wer es sei. Wir wissen: Es ist der Herr. Das ist die Überwindung des Todes, das ist Erfahrung von Auferstehung: in die Arbeit am Schreibtisch, in das Gespräch mit einem Freund, in die gemeinsame Mahlzeit, in den Spaziergang durch den Wald, in die Stille hineinzusprechen: es ist der Herr. Dann wird die Wirklichkeit unseres Lebens nicht nur transparent für den Grund allen Seins, sondern für eine Person, für Jesus Christus, den Auferstandenen, der uns vom andern Ufer her begegnet, der das Wort der Liebe zu uns spricht vom Herzen Gottes her und unser Leben verklärt und verwandelt. Dann ist wirklich der Tod überwunden und wir haben teil an der Auferstehung. Die Feier von Tod und Auferstehung Jesu in der Eucharistie ist so ein Weg zu wahrem Leben, zu einem Leben, das den Tod überdauert. Und sie führt uns immer mehr zu unserem wahren Selbst, zu dem Selbst, das Anteil hat an Jesus Christus, zu dem göttlichen Kern in uns, der nicht mehr sterben wird, weil er mit Christus selbst eins geworden ist, der für immer lebt.

Schluß

Wir haben nur einige Aspekte von Eucharistie und Selbstwerdung berührt. Sie sollen uns zeigen, daß Eucharistie nicht ein frommes Relikt aus früheren Zeiten ist, sondern mit uns und unserem Leben zu tun hat. Natürlich nimmt die Eucharistie nicht unmittelbar Bezug zu den Tagesereignissen und den aktuellen Entwicklungen in der Politik. Und sie spricht eine Sprache, die sich erheblich vom Stil der Medien unterscheidet. Aber es geht in der Eucharistie um das Wesentliche in unserem Leben, um die Frage, ob unser Leben gelingt oder nicht, ob wir zu unserem wahren Wesen finden oder an der Oberfläche stehenbleiben, ob wir den Tod überwinden oder daran zerbrechen, ob wir verkrusten und verhärten oder ob sich unser Leben wandelt, ob unser Leib verwandelt wird zu einem Ort der Gegenwart Gottes in dieser Welt. Es geht um die Frage, ob unser Leben Sinn bekommt oder in der Sinnlosigkeit zerrinnt, ob wir uns den Ängsten und Zweifeln stellen oder nicht, ob wir der Krankheit und den Wunden unseres Lebens ins Auge sehen oder nicht. Die Eucharistie will uns einladen, den Weg unserer Selbstwerdung zu gehen, unser Leben anzuschauen, wie es ist, und es von der verwandelnden Kraft Christi durchdringen und erneuern zu lassen.

Natürlich müssen wir uns fragen, wie wir die Eucharistie so feiern können, daß die Menschen spüren, daß es um sie und um das Gelingen ihres Lebens geht, daß ihre Selbstwerdung im Mittelpunkt steht, daß ihr Miteinander thematisiert wird und daß die Begegnung mit Gott in einer intensiven und leibhaften Weise möglich wird. Wir können sicher nicht täglich mit neuen Formen experimentieren. Die Liturgie hat immer auch etwas Beharrendes an sich. Die Archetypen, von denen C.G. Jung spricht, sind auch durch die Jahrhunderte gleich geblieben. Aber die Symbole und Riten müssen immer wieder neu darauf hin befragt werden, ob sie die im Menschen angelegten Archetypen ansprechen oder nicht. Wenn Riten und Symbole keine Wirkung mehr zeigen, müssen wir überlegen, ob wir neue brauchen oder ob wir versuchen sollen, einen neuen Zugang zu ihnen zu ermöglichen, ob es einer neuen liturgischen Bildung bedarf, wie sie Guardini in der liturgischen Bewegung gefordert und praktiziert hat. Der Mensch hat sicher auch heute noch ein Gespür für die Riten und Symbole der Eucharistie. Bei Jugendlichen, die zu unseren Kursen kommen, sehen wir, daß sie so einfache Riten wie eine Gabenprozession oder wie das Weiterreichen des Osterlichtes intensiv nachempfinden. Sie wollen nur erfahren, daß solche Riten mit ihnen zu tun haben. Sie erleben die Gottesdienste in ihren Gemeinden oft als tot und leer. Da erleben sie nicht Riten, die ihr Leben verwandeln, die ihren Leib durchformen, sondern Rituale, die einfach ablaufen, die abgespult werden, wie sie es sarkastisch formulieren. Wenn die Gebärden echt sind, wenn sich der Mensch darin ausdrücken kann, dann lassen sich Jugendliche gerne darauf ein, dann spielen sie sich in den Gebärden hinein iin die Freude und Freiheit der Erlösung.

Es bedarf also einerseits einer Hinführung zur Bedeutung der Riten und andererseits einer Einübung in die Riten und Gebärden. Guardini hat in seinem berühmten Brief an den liturgischen Kongreß in Mainz im Jahre 1964 die Frage gestellt, ob der Mensch heute noch liturgiefähig sei, ob er noch ein Gespür habe für den liturgischen Akt. Und er fordert eine liturgische Bildung, damit wir wieder liturgiefähig werden, fähig zur reinen Gebärde, fähig zu einer Gebärde, die uns in die reine Präsenz führt, wie es Dürckheim immer wieder beschreibt, zur Gebärde, die unseren Leib verwandelt und die Erfahrung von Heilsein und Ganzsein vermittelt. Und wir müssen wieder fähig werden, im Erleben der Riten und im Schauen der Symbole Gott selbst zu erfahren, den äußeren Akt als Ausdruck der Innerlichkeit zu verstehen und den Ritus als Weg in das Geheimnis Gottes und in das Geheimnis unserer Selbstwerdung.

Ritus heißt vom Ursprung her Verwandlungsweg.[24] Dabei geht es um die Verwandlung unseres Lebens, um den Weg menschlicher Reifung und Selbstwerdung. Die Eucharistie will unser ganzes Leben hineinverwandeln in das Geheimnis Gottes, in den Gott, der in Jesus Christus Mensch geworden ist und uns darin ewiges Leben geschenkt hat, ein Leben, in dem das Geheimnis des Menschen und das Geheimnis Gottes zugleich aufleuchten, ein Leben des Menschen in Gott. Eucharistie ist das kostbarste Vermächtnis, das uns Christus hinterlassen hat. Sie will unsern Leib und unsere Seele verwandeln, sie will uns in die tiefste Begegnung mit Gott führen, die es gibt, in die Begegnung, in der wir im Essen und trinken ununterscheidbar eins werden mit Gott und in Gott mit unseren Brüdern und Schwestern und durch Gott und durch unsere Brüder und Schwestern eins mit uns selbst, eins mit unserem innersten Wesen, mit unserem göttlichen Kern. Damit wir dieses Vermächtnis Jesu auch in seinem Sinn feiern können, bedarf es der Mystagogie, der Einführung in das Geheimnis Gottes und in das Geheimnis des Menschen. Es geht darum, die Eucharistie so zu feiern, daß wir darin Gott begegnen und zu uns selbst finden, daß wir und die ganze Welt verwandelt und transparent werden für Gott, daß wir eins werden mit Gott und mit allen Menschen, ja mit der gesamten Schöpfung, und daß wir uns in der Feier von Tod und Auferstehung hineinspielen in das Geheimnis unserer Erlösung, in das Geheimnis des ewigen Lebens, das den Tod übergreift und im Hier und Jetzt schon Ewigkeit erfahren läßt, die Ewigkeit des Gottes, der uns immer wieder neu macht und ganz.

ANMERKUNGEN

[1] C.G. Jung, Das Wandlungssymbol in der Messe, in: GW XI, Zürich 1963, 276. Die Zahlen im folgenden Text beziehen sich auf dieses Werk.

[2] R. Guardini, Die mystagogische Predigt, in: K. Borgmann, Volksliturgie und Seelsorge, Colmar 1942, 169.

[3] R. Guardini, Vom Geist der Liturgie, Freiburg 1921, 95f. Im Text zitiert mit GL.

[4] C.G. Jung, Psychologie und Religion, Zürich 1947, 147.

[5] C.G. Jung, Antwort auf Hiob, in: GW XI, Zürich 1963, 448. Vgl. dazu A. Grün, Das Kreuz und die Selbstverwirklichung des Menschen nach C.G. Jung, in; ThdG 19 (1976) 87-96.

[6] QRT 58, in: Les sentences des pères du dèsert III, zrg. v. L. Regnault, Solesmes 1976, 120f.

[7] Vgl. zum Ganzen W. Bösen, Jesusmahl. Eucharistisches Mahl. Endzeitmahl. Ein Beitrag zur Theologie des Lukas, Stuttgart 1980.

[8] Vgl. W. Grundmann, Das Evangelium nach Lukas, Berlin 1966, 291.

[9] J.A. Sanford, Alles Leben ist innerlich. Meditationen über Worte Jesu, Olten 1974, 46-49. Im Text zitiert mit Sanford.

[10] Vgl. A. Grün, Lebensmitte als geistliche Aufgabe, Münsterschwarzach 1980, 14.

[11] Vgl. K. Frielingsdorf, Vom Überleben zum Leben, Mainz 1989.

[12] E. Kästner, Die Stundentrommel vom Heiligen Berg Athos, Wiesbaden 1956, 25f.

[13] P. Teilhard de Chardin, Lobgesang des Alls, Olten 1961, 19. Im Text zitiert mit Lobgesang.

[14] P. Teilhard de Chardin, Der göttliche Bereich, Olten 1964, 148. Im Text zitiert mit Göttl Bereich.

[15] L. Boros, Meditationen über die Eucharistie, in Orientierung 1963, 117.

[16] K. Graf Dürckheim, Meditieren - wozu und wie, Freiburg 1976, 144. Im Text zitiert mit Med.

[17] K. Graf Dürckheim, Überweltliches Leben in der

Welt, Weilheim 1968, 28f. Im Text zitiert mit Überwelt.

18 Angefochtene Zuversicht. Romano Guardini Lese-
buch, ausgew. v. I. Klimmer, Mainz 1985, 126. Im
Text zitiert mit Leseb.

19 O. Casel, Das christliche Kultmysterium, Regens-
burg 1966, 79.

20 C.G. Jung, Die Lebenswende, in GW VIII, Zürich
1967, 465.

21 E. Neumann, Zur psychologischen Bedeutung des
Ritus, in: Kulturentwicklung und Religion, Zürich
1953, 17f.

22 Vgl. E. Kübler-Ross, Interview mit Sterbenden,
Stuttgart 1971; dies., Lebens, bis wir Abschied nehmen, Stuttgart 1979.

23 Vgl. Evagrius Ponticus, Praktikos. Über das Gebet,
übers. v. J.E. Bamberger, G. Joos, Münsterschwarzach 1986, 86.

24 Vgl. E. Neumann, Zur psychologischen Bedeutung
des Ritus, 63.

1	A. Grün OSB, **Gebet und Selbsterkenntnis**	(1979)	56 S.	DM 4,80
2	B. Doppelfeld OSB, **Der Weg zu seinem Zelt**	(1979)	64 S.	DM 5,40
3	F. Ruppert OSB/A. Grün OSB, **Christus im Bruder**	(1979)	56 S.	DM 4,80
4	P. Hugger OSB, **Meine Seele, preise den Herrn**	(1979)	84 S.	DM 7,40
5	A. Louf OCSO, **Demut und Gehorsam**	(1979)	55 S.	DM 4,80
6	A. Grün OSB, **Der Umgang mit dem Bösen**	(1980)	84 S.	DM 7,40
7	A. Grün OSB, **Benedikt von Nursia − Seine Botschaft heute**	(1979)	60 S.	DM 5,20
8	P. Hugger OSB, **Ein Psalmenlied dem Herrn,** Teil 1	(1980)	72 S.	DM 6,80
9	P. Hugger OSB, **Ein Psalmenlied dem Herrn,** Teil 2	(1980)	80 S.	DM 7,60
10	P. Hugger OSB, **Ein Psalmenlied dem Herrn,** Teil 3	(1980)	80 S.	DM 7,60
11	A. Grün OSB, **Der Anspruch des Schweigens**	(1980)	72 S.	DM 6,80
12	B. Schellenberger OCSO, **Einübung ins Spielen**	(1980)	52 S.	DM 4,80
13	A. Grün OSB, **Lebensmitte als geistliche Aufgabe**	(1980)	60 S.	DM 5,60
14	B. Doppelfeld OSB, **Höre, nimm an, erfülle**	(1981)	68 S.	DM 6,80
15	E. Friedmann OSB, **Mönche mitten in der Welt**	(1981)	76 S.	DM 7,80
16	A. Grün OSB, **Sehnsucht nach Gott**	(1982)	64 S.	DM 6,40
17	F. Ruppert OSB/A. Grün OSB, **Bete und arbeite**	(1982)	80 S.	DM 7,80
18	J. Lafrance, **Der Schrei des Gebetes**	(1983)	62 S.	DM 6,40
19	A. Grün OSB, **Einreden,** Der Umgang mit den Gedanken	(1983)	78 S.	DM 7,80
20	R.-N. Visseaux, **Beten nach dem Evangelium**	(1983)	68 S.	DM 7,20
21	J. Main, **Meditieren mit den Vätern**	(1983)	56 S.	DM 5,40
22	A. Grün OSB, **Auf dem Wege,** Zu einer Theologie des Wanderns	(1983)	72 S.	DM 7,40
23	A. Grün OSB, **Fasten − Beten mit Leib und Seele**	(1984)	76 S.	DM 7,60
24	G. Kreppold OFMCap, **Heilige**	(1984)	80 S.	DM 7,80
25	G. Kreppold OFMCap, **Die Bibel als Heilungsbuch**	(1985)	80 S.	DM 7,80
26	A. Louf/M.Dufner, **Geistliche Vaterschaft**	(1984)	48 S.	DM 5,20
27	B. Doppelfeld OSB, **Die Jünger sind wir**	(1985)	64 S.	DM 6,80
28	M. W. Schmidt OSB, **Christus finden in den Menschen**	(1985)	44 S.	DM 4,80
29	A. Grün OSB/M. Reepen OSB, **Heilendes Kirchenjahr**	(1985)	84 S.	DM 7,80
30	F.-X. Durrwell, **Eucharistie − das österl. Sakrament**	(1985)	74 S.	DM 7,40
31	B. Doppelfeld OSB, **Mission**	(1985)	60 S.	DM 6,40
32	A. Grün OSB, **Glauben als Umdeuten**	(1986)	66 S.	DM 6,80
33	A. Louf OCSO/A. Grün OSB, **In brüderlicher Gemeinschaft leben**	(1985)	60 S.	DM 6,40
34	C. de Bar, **Du hast Menschen an meinen Weg gestellt**	(1986)	54 S.	DM 5,60
35	G. Kreppold, **Kranke Bäume − Kranke Seelen**	(1986)	87 S.	DM 7,80
36	A. Grün OSB, **Einswerden − Der Weg des hl. Benedikt**	(1986)	80 S.	DM 8,80
37	B. Community, **Regel für einen neuen Bruder**	(1986)	48 S.	DM 5,20

Weitere Veröffentlichungen in dieser Reihe folgen.

VIER-TÜRME-VERLAG

D-8711   Münsterschwarzach   Abtei   (09324)   20-292